# OpenSource

# Astrofotografie

# 3.3

*Mit OpenSource Software vom Anfänger zum Experten für Astrofotografie*

# Impressum

Dr. Karl Sarnow
Wittenberger Str. 82
30179 Hannover
E-Mail: karl@familie-sarnow.de

Für Dagmar.

# Inhaltsverzeichnis

# Vorwort

Astrofotografie ist ein tolles Hobby, wird aber allgemein als schwierig, teuer und langwierig angesehen. Ich möchte in diesem Buch meine Art beschreiben, diese Probleme zu überwinden.

Die Verwendung von OpenSource Software dient dabei nicht nur der Reduktion des finanziellen Aufwandes. Es erleichtert auch die Durchführung des Hobbys durch eine Vielzahl von Softwarewerkzeugen, die einfach zu installieren sind und hilfreich die Probleme des Alltags der Astrofotografie beseitigen helfen. Ich verwende UBUNTU-Linux und alle Beispiele dieses Buches benutzen die Software auf diesem Betriebssystem. Die Software läuft aber plattformunabhängig ebenso unter Windows oder Mac.

Der Fokus der Hardware, die in diesem Buch beschrieben wird, ist ebenfalls im Niedrigkostenbereich angesiedelt. Es reicht eine digitale Spiegelreflexkamera oder eine spiegellose Systemkamera. Wichtig ist die Anschlussmöglichkeit von Wechselobjektiven, insbesondere die eines T2-Adapters. Ansonsten ist für den Einstieg keinerlei Modifikation erforderlich. Die Kamera wird am Ende eines Teleskops mittels des T2-Adapters angebracht. Notfalls tut es auch eine normale Digitalkamera mit hoher Empfindlichkeit. Dann kommt die Digiklemme zum Einsatz.

Welches Teleskop man verwendet hängt nur vom Geldbeutel ab. Für die ersten Schritte in der Astrofotografie kann man getrost ein preiswertes achromatisches Linsenteleskop verwenden. Notfalls kann man dieses später auch als Leitrohr verwenden.

Das Teleskop mit Kamera muss schließlich auf einem Stativ, besser einer parallaktischen Montierung befestigt werden. An dieser Stelle wird es teuer: Auch Anfänger sollten eine stabile GOTO-Montierung einer preiswerten Wackelmontierung vorziehen. Gibt man das Hobby auf, lässt sich eine GOTO-Montierung immer leicht bei eBay verkaufen.

Nach diesem Überblick wünsche ich Ihnen viel Spaß bei der Lektüre des Buches, viel Erfolg bei der Umsetzung des Inhaltes und viel Zufriedenheit bei der Betrachtung der Ergebnisse.

Karl Sarnow
Dezember 2012

Im März 2013 wurde die Versionsnummer von 2.0 auf 2.1 angehoben. Der Grund: Es kommen nun auch Anwendungen für fortgeschrittene Amateure hinzu. Dazu zählen
- Die **INDI**-Schnittsttelle zur Teleskopsteuerung für Kstars und Stellarium.
- Die **gphoto2** Software zur Steuerung einer Digitalkamera für automatische Belichtungen über die USB-Schnittstelle.
- Die auf gphoto2 basierende Benutzeroberfläche **darktable**, die eine komfortable Bedienung der Digitalkamera ermöglicht.

Karl Sarnow
März 2013

Im Juni 2013 ist nach einer Astroreise nach Teneriffa das Kapitel **RawTherapee** hinzugekommen, Grund für die Anhebung der Versionsnummer auf 2.2.

Karl Sarnow
Juni 2013

Die neueste Überarbeitung führt weiter in die fortgeschrittene Technik der Astrofotografie ein: Die automatische Nachführung des Teleskops mit Hilfe eines Leitteleskops oder der Off Axis Guiding Methode wird erläutert.
In einem kurzen Abschnitt wird auch auf die verbesserten elektronischen Einnordungsmethoden moderner GOTO-Montierungen eingegangen.

Dazu kommt eine Schritt für Schritt Anleitung, wie man anfängt in die Astrofotografie einzusteigen. Zwar hat dieses Thema eigentlich nichts mit OpenSource Software zu tun. Andererseits ist es für Einsteiger in die Astrofotografie vielleicht interessant zu sehen, wie man einfach einsteigt und dann langsam zum Experten heranwächst.

Eine weitere Änderung ist ein neues Kapitel über von mir besuchte Plätze in der Welt, wo man erheblich verbesserte Beobachtungsbedingungen gegenüber dem eigenen Hinterhof (Untertitel der bisherigen Bücher) hat. Das begründet auch die Änderung des Untertitels und ein Anheben der Versionsnummer dieses Buches auf 3.0, denn die meisten Änderungen von der Version 2.2 zur Version 3.0 begleiten im Regelfall das Anwachsen der Ansprüche beim Übergang vom Anfänger zum erfahrenen Amateur. An diesen Plätzen kann man entweder sein eigenes Teleskop aufstellen oder dort vorhandene Teleskope mieten und nutzen.


Karl Sarnow
Februar 2014


Nach einer Woche in Barjols, Haute Provence, kommt das Ferienhaus dort in die Liste der von mir besuchten Beobachtungsplätze. Weiterhin habe ich in meiner Ausrüstung die Olympus E-410 durch die Olympus M1 ersetzt. Diese neue Spitzenkamera aus dem Haus Olympus hat einige Eigenschaften, welche Astrofotografen die Arbeit erleichtert. Weiterhin habe ich mir eine Reisemontierung, die iOptron SkyTracker zugelegt.

An fotografischem Inhalt ist die Sonnenfotografie mittels Objektivfilter hinzugekommen.

Die Möglichkeit, die Lichtverschmutzung in urbanen Umgebungen durch CLS-Filter zu kompensieren wird nun ausführlich beschrieben.

Diese Neuigkeiten waren mir einen Versionssprung des Buches auf die Version 3.1 wert.

Karl Sarnow
November 2014

Meine Celestron Montierung ermöglicht zwar das Aufsuchen eines Sterns nach dem SAO Katalog, leider liefert aber weder Kstars noch Stellarium die SAO-Nummer eines Sterns. Statt dessen liefert Kstars die Nummerierung aus dem HD-Katalog und Stellarium die aus dem HIP-Katalog. Ein neues Kapitel beschäftigt sich daher mit dem Problem der Umwandlung der verschiedenen Katalognummern. Dies ist wichtig, wenn man mit einer GOTO-Montierung einen hellen Stern in der Nähe des zu fotografierenden Objekts anfahren will.

Um Anfängern des Start in die Astrofotografie zu erleichtern, habe ich eine Liste mit interessanten Objekten zusammengestellt und die zur Fotografie derselben erforderliche Ausstattung beschrieben.

Wenn der Anfänger zum Experten wächst, kommt irgendwann der Wunsch nach längeren Belichtungszeiten auf. Das erzwingt eine genauere Ausrichtung der Rektaszensionsache (Polachse) auf den Himmelspol. Ausserdem rückt die Korrektur fabrikationsbedingter Getriebefehler in den Fokus. Deshalb habe ich Kapitel zum Thema Einscheinern in den einfacheren Versionen der elektronischen Einscheinerung und mit Hilfe einer App in das Buch aufgenommen. Dazu kommt ein Kapitel über PEC-Training (Periodic Error Correction: Korrektur herstellungsbedingter Getriebefehler).

Das alles rechtfertigt meiner Meinung nach den Sprung zur Versionsnummer 3.2.

Karl Sarnow
Juni 2015

Nun also die Version 3.3. Die Anregungen für die Neuerungen kamen diesmal von Lesern, die meine E-Mail Adresse im Internet heraus fanden und mich angeschrieben haben. Während die eine Diskussion privat blieb und sich um den Unterschied zwischen Blendenzahl, Öffnung, Lichtstärke und Lichtsammelvermögen drehte, entbrannte die andere Diskussion um die Frage, wie man unbekannte Galaxien in einem Bild identifizieren kann, wenn weder kstars noch Stellarium diese angezeigt haben. Die zweite Diskussion wurde öffentlich in einer Google+ Community geführt, die ich extra für Leser meines Buches eingerichtet habe. Sie heißt „OpenSource Astrofotografie" [48] und jeder kann die Beiträge in dieser Community lesen und ihr beitreten. Auf diese Weise ist eine Kommunikation mit dem Autor und allen anderen Lesern des Buches möglich und ich hoffe auf weitere, ebenso interessante Diskussionen mit derartig befruchtenden Ergebnissen.

Schließlich möchte ich Ihnen die großen Vorteile der kommenden GIMP Version 2.10 an Hand der Vorversion 2.9.3 erläutern. Diese ermöglicht nämlich endlich die Bearbeitung von Fotos in beliebiger numerischer Präzision, die insbesondere für Astroaufnahmen wichtig ist.

So finden Sie also als Neuerungen in dieser Ausgabe

- Die Google+ Community „OpenSource Astrofotografie"
- Eine Ergänzung des Kapitels „Strahlengänge" um das Unterkapitel „Blendenzahl, Öffnung, Lichtstärke".
- Ein neues Kapitel namens „Aladin", welches die Identifizierung unbekannter astronomischer Objekte in eigenen Aufnahmen ermöglicht.
- Neue Möglichkeiten der GIMP Version ab 2.9.3.

Ich möchte mich an dieser Stelle für die erhaltenen, sehr positiven Rückmeldungen zu meinem Buch bedanken.

Karl Sarnow
April 2016

# Juristisches und Warnungen

## Aktualität der Links

Im Anhang finden Sie Links zu Webseiten, die Inhalte zum Thema Fotografie im Allgemeinen und Astrofotografie im Besonderen anbieten. Selbstverständlich erkläre ich mich nicht für den Inhalt dieser Webseiten verantwortlich. Zwar wurden die Webseiten nach bestem Wissen auf Richtigkeit von mir überprüft, aber die Verantwortung für die Richtigkeit und den Inhalt der Webseiten liegen beim jeweiligen Webseitenautor. Dies ist insbesondere deshalb wichtig, weil Webseiten im Internet schnell geändert werden können. Was also gestern noch sinnvoll und richtig war, kann unter derselben URL morgen bereits unsinnig sein. Aber deshalb auf leicht erreichbare Internetinformationen zu verzichten halte ich für nicht richtig.

## OpenSource Lizenz

Ein weiterer Hinweis betrifft die Software. In diesem Buch wird OpenSource Software beschrieben. Diese wird mit einer Lizenz geliefert, welche die kostenlose Benutzung auf der „Ist so"-Basis erlaubt. Mit anderen Worten: Sie benutzen die Software so wie sie kommt, die Hersteller gewähren keinerlei Funktionsgarantie und lehnen auch jede Haftung für Schäden ab, die durch Benutzung der Software entsteht. Bitte lesen Sie vor der Installation die Lizenzbedingungen der entsprechenden Software durch. Ohne die Zustimmung zu den Nutzungsbedingungen sollten Sie die Software nicht benutzen.

Natürlich kann sich das Aussehen der Software verändern, sobald eine neue Version erscheint. Auch ist es möglich, dass sich das Aussehen oder die Funktionalität unter verschiedenen Betriebssystemen oder auch nur verschiedenen Versionen desselben Betriebsystems ändert. Der Autor übernimmt deshalb keine Garantie für die Funktion der beschriebenen Software auf Ihrem Rechner. OpenSource Software kommt eben wie sie ist auf Ihren Rechner. Das muss man wissen, wenn man sich entschließt, OpenSource Software zu benutzen.

# Warnung vor der Sonne

Jedem Gerät liegt eine Bedienungsanleitung bei, die zu beachten ist. Aber wenn Teleskope benutzt werden, gibt es eine ganz besondere Gefahr. Die Sonne ist so unglaublich hell, dass jede Betrachtung der Sonne zur sofortigen Erblindung führen kann. Teleskophersteller bringen diese Warnung sowohl auf dem Teleskop an, als auch in ihren Bedienungsanleitungen. Und obwohl ich davon ausgehe, dass Sie ihre Geräte nur entsprechend der Bedienungsanleitung nutzen, möchte ich wegen der Gefährlichkeit auch noch einmal warnen:

## Niemals direkt in die Sonne sehen oder fotografieren

Zwar handelt das Buch von Astrofotografie, die Sie Nachts betreiben, wenn die Sonne nicht zu sehen ist. Aber trotz Warnungen der Gerätehersteller, trotz der Logik des Themas, trotz allem möchte ich diese Warnung dem Buch hinzufügen.

# Beobachtungsbedingungen an besuchten Orten

In diesem Buch beschreibe ich erstmals, wie ich die Beobachtungsbedingungen an verschiedenen Orten empfunden habe. Dies ist eine subjektive Wahrnehmung und es könnte sein, dass Sie die Beobachtungsbedingungen an denselben Orten anders erfahren oder empfinden. Bevor Sie also eine kostspielige Urlaubsreise mit ihrer ganzen astronomischen Ausrüstung antreten, erkundigen Sie sich vorher persönlich beim angegebenen Vermieter, ob Ihre Wünsche oder durch Lesen dieses Buches möglicherweise hervorgerufenen Vorstellungen auch wirklich realisiert werden können. Sowohl das Wetter als auch die übrigen Beobachtungsbedingungen können sich ändern, was in der Astronomie im Regelfall Verschlechterung bedeutet. Treten Sie eine Reise mit voller Astroausrüstung also nur an, wenn Sie sicher sind, dass Sie den entsprechenden Aufwand notfalls auch ohne gute Bildergebnisse ertragen können.

Falls Sie ohne eigene Ausrüstung an einen Ort mit kompletter Ausrüstung reisen, stellen Sie sicher, dass dort bei Ihrem Besuch auch alle Teile zur Montierung Ihrer Kamera an den vorhandenen Geräten vorhanden und funktionstüchtig sind. Nichts ist ärgerlicher, als eine Reise zwecks Astrofotografie, wenn es an einem einfachen Bauteil für wenige Euro fehlt. Kommunikation mit dem Vermieter hilft auch in diesem Fall, Enttäuschungen zu vermeiden.

# Die Google+ Community zu diesem Buch

Damit eine Kommunikation und Diskussion zu diesem Buch möglich ist, habe ich die Community „OpenSource Astrofotografie" bei Google+ eingerichtet [48]. Um dieser Community beizutreten rufen Sie Google auf und klicken Sie auf das Google+ Icon. Sie suchen dann nach der Community mit dem oben angegebenen Namen. Klicken Sie darauf, dann können Sie die Inhalte bereits ansehen. Wollen Sie sich aktiv an der Diskussion beteiligen oder die neuesten Beiträge dort sofort erhalten, dann sollten Sie dieser Community beitreten. Um Missbrauch zu verhindern habe ich mir die Aufnahme in die Community vorbehalten. Ich würde mich freuen, Sie dort als Mitglied begrüßen zu dürfen. Selbstverständlich veröffentliche ich alle Astrofotos von mir inkl. Bearbeitungsweg und Aufnahmeverhältnisse dort ebenso wie bei Flickr. Als Mitglied der Community sind Sie auch eingeladen, über neue OpenSource Software oder eigene Fotos zu berichten. Ich würde mich über eine rege Beteiligung freuen.

# Generell

Der Autor gibt in diesem Buch seine persönliche Meinung und Erfahrung wieder. Mehr nicht. Betrachten Sie deshalb dieses Buch als Anregung, nicht als Anweisung. Überlegen Sie stets, ob die Anregungen in Ihrer Situation anwendbar sind. Beachten Sie stets die Hinweise im Handbuch Ihrer Software oder Hardware und versuchen Sie nicht, Dinge entgegen den Anweisungen in ihrem Handbuch zu tun. Während dieses Buch Ratschläge aus meinem Erfahrungsbereich zur Verfügung stellt, ist das Handbuch Ihrer Software oder Hardware das definitive Entscheidungskriterium, ob die beabsichtigte Aufgabenstellung erfüllt werden kann oder nicht. Kurz und gut: Versuchen sie nicht ein im Buch vorgestelltes Zubehörteil zu benutzen, wenn es nicht in Ihr Kamerasystem passt. Gelegentlich passen zwar Teile mechanisch zusammen, aber die optischen Weglängen passen nicht. Die Theorie des Buches wird dadurch nicht falsch, Sie haben dann nur nicht die richtigen Komponenten gewählt. Die konkrete Auswahl an mechanischen und optischen Komponenten sollten Sie daher zusammen mit einem erfahrenen Händler erkunden.

# Prinzipien der Astrofotografie

## Raumschiff Erde als Standort

Zunächst einmal: Die Erde ist das Raumschiff, in dem wir uns durch das Weltall bewegen und von dem aus wir unsere Begleiter beobachten und fotografieren wollen. Das hat Konsequenzen: Anders als in der Fotografie üblich gibt es für Astrofotografen keine festes Stativ, auf dem man seine Kamera befestigen kann. Denn die Erde dreht sich in 24 Stunden einmal um die eigene Achse. Und jedes Stativ auf ihr dreht sich mit gleicher Geschwindigkeit mit. Bei Belichtungszeiten im Stundenbereich ist die Bewegung mit bloßem Auge sichtbar. Wir werden sie als Sternstrichspuren vielleicht in einem ästhetisch ansprechendem Bild später festhalten wollen. Durch ein Fernrohr aber wird bekanntlich jede Bewegung verstärkt sichtbar. Nicht umsonst befinden sich Fernrohre an touristischen Aussichtspunkten auf Stativen. Betrachtet man durch solch ein festes Stativ den Sternenhimmel, sieht man die Sterne mit konstanter Geschwindigkeit durch das Sichtfeld ziehen. Wollen wir den Sternenhimmel mit einem Fernrohr fotografieren, müssen wir das Fernrohr mit der Drehgeschwindigkeit der Erde in die entgegengesetzte Richtung drehen. Dann gleichen wir die Drehbewegung der Erde aus und der Sternenhimmel scheint im Fernrohr still zu stehen. Jetzt können wir ihn auch mit langen Belichtungszeiten fotografieren. Wir wollen uns deshalb ein Fernrohr besorgen, welches diese entgegengesetzte Drehung mit Hilfe eines Motors selbständig macht. Der Aufbau hierzu ergibt sich aus der Abbildung 1.

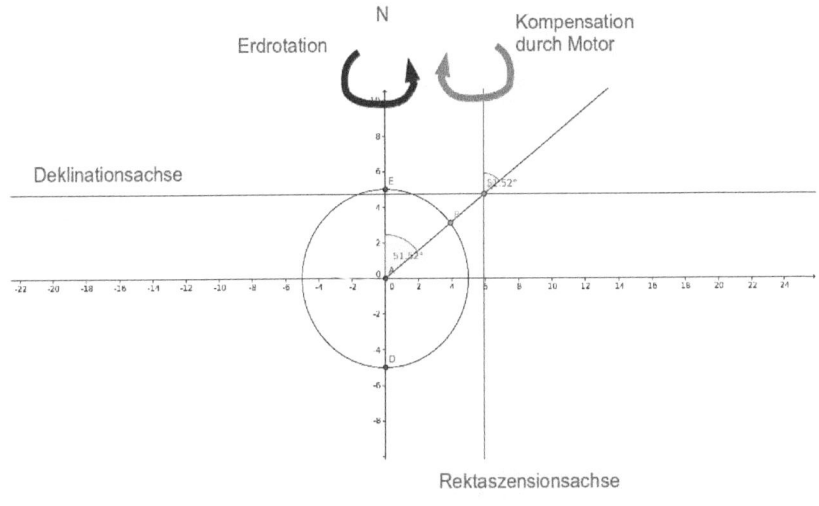

*Abbildung 1: Kompensation der Erddrehung durch Motor in Montierung.*

Man erkennt, dass die Erddrehung durch eine Drehung um eine Achse, parallel zur Nord-Süd-Achse kompensiert wird. Diese parallel zur Nord-Süd-Achse liegende Achse in der Montierung des Teleskops nennt man die Rektaszensionsachse (auch Stundenachse genannt). Ist der Motor eingeschaltet, folgt er dem im Fernrohr sichtbaren Stern. Der Winkel im Erdzentrum ist die geografische Breite. Sie beträgt 0° auf dem Äquator und +90° am Nordpol. Am Südpol beträgt die geografische Breite -90°. Den selben Winkel muss die Rektaszensionsachse an der Montierung zur Standsäule (Stativ) haben. Abbildung 2 zeigt eine einfache parallaktische Montierung.

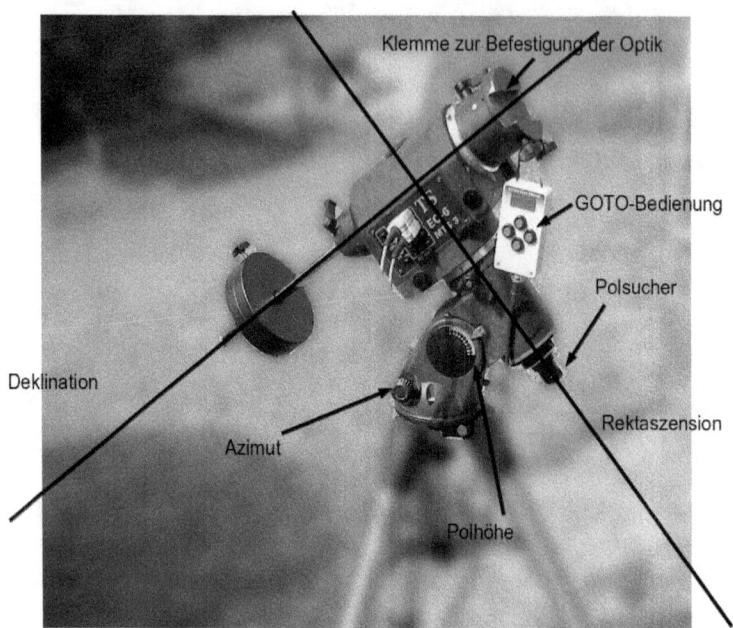

Klemme zur Befestigung der Optik

GOTO-Bedienung

Polsucher

Deklination

Rektaszension

Azimut

Polhöhe

*Abbildung 2: Parallaktische Montierung.*

Zur Einrichtung (Einnorden) wird die Montierung auf dem Stativ im Azimut rechts-links gedreht, bis das Polsucherfernrohr (hinter der Kappe versteckt) in Richtung Polaris zeigt (Abbildung 3). Dann die Polhöhe nach oben-unten drehen, bis Polaris in der Markierung des Polsuchers steht.

Zur Auswahl eines beliebigen Sterns muss das Fernrohr noch um eine zweite Achse gedreht werden. Diese steht senkrecht auf der Rektaszensionsachse und heißt Deklinationsachse (Abbildung 2). Der Drehwinkel von Rektaszensionsachse und Deklinationsachse definiert den Standort eines astronomischen Objekts (Stern, Galaxie, …). Sie sind seine Koordinaten. Dummerweise dreht sich aber die Montierung ständig um die Rektaszensionsachse. Deshalb hat man sich bei den Koordinaten für die Sterne auf den Rektaszensionswinkel geeinigt, den ein bestimmter Punkt am

Himmel, der Frühlingspunkt, anzeigt. Zeigt das Teleskop auf diesen Punkt, ist der Rektaszensionswinkel 0h. Er wird tatsächlich in Stunden gemessen und nicht wie für einen Winkel üblich in Grad.

# Koordinaten am Himmel

Der Stern Alcor etwa, das kleine Reiterlein auf dem großen Wagen, hat die Koordinaten RA=13h25m22s und DEC=54°55m28s. Wie findet man denn nun den Stern mit einer parallaktischen Montierung?

1. Montierung aufstellen und die Rektaszensionsachse parallel zur Erdachse ausrichten.
2. Das Fernrohr auf den Frühlingspunkt ausrichten.
3. Die Rektaszensionsachse um 13h25m22s drehen.
4. Die Deklinationsachse um 54°55m28s drehen.

Der Stern ist im Fernrohr. Ganz einfach oder? Bleiben nur ein paar einfache Frage.

- Woran merke ich, dass die Rektaszensionsachse parallel zur Erdachse ausgerichtet ist?
- Wie finde ich den Frühlingspunkt?
- Wie kann ich die Rektaszensionsachse um 13h25m22s drehen, wenn die sich doch ständig weiter dreht?

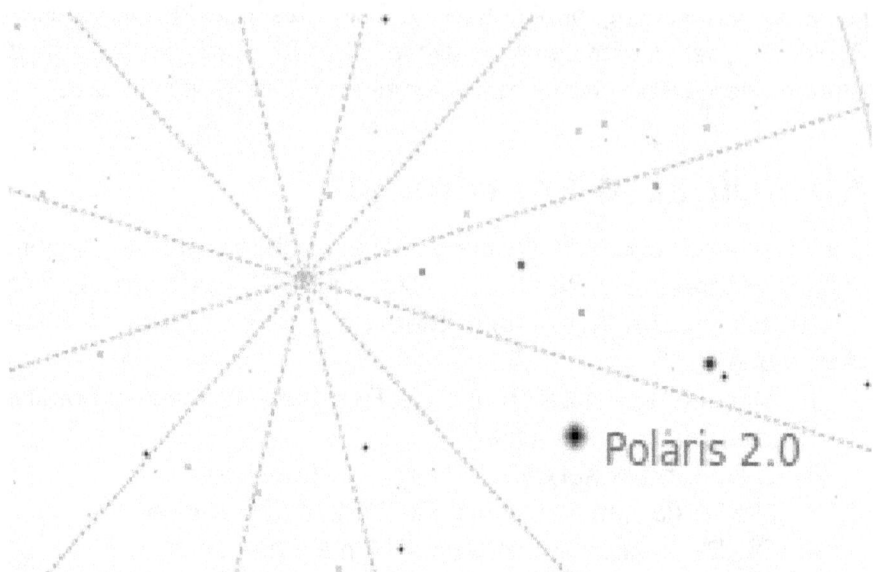

*Abbildung 3: In der Nähe des Himmelsnordpols findet sich der Stern Polaris.*

Für die Ausrichtung der Rektaszensionsachse gibt es ein einfaches Hilfsmittel, den Polsucher. Die Montierung wird zuerst grob nach Norden ausgerichtet. Dafür befindet sich an der Montierung oder am Stativ das N-Zeichen. Durch die hohle Rektaszensionsachse schaut ein kleines Fernrohr mit Markierung in den Himmel, der Polsucher. Zufällig findet sich in der Nähe des Himmelsnordpols, das ist die Stelle im Himmel wo die Erdachse durch die Himmelskugel stößt, der Polarstern (Abbildung 3). Das Fernrohr wird nun durch Drehung des Azimuts rechts-links und der Polhöhe oben-unten so gedreht, dass Polaris in der Markierung des Polsuchers steht (Abbildung 4). Das erste Problem, Ausrichtung des Teleskops, ist damit gelöst, falls die Montierung einen Polsucher besitzt, worauf Sie beim Kauf sehr achten sollten.

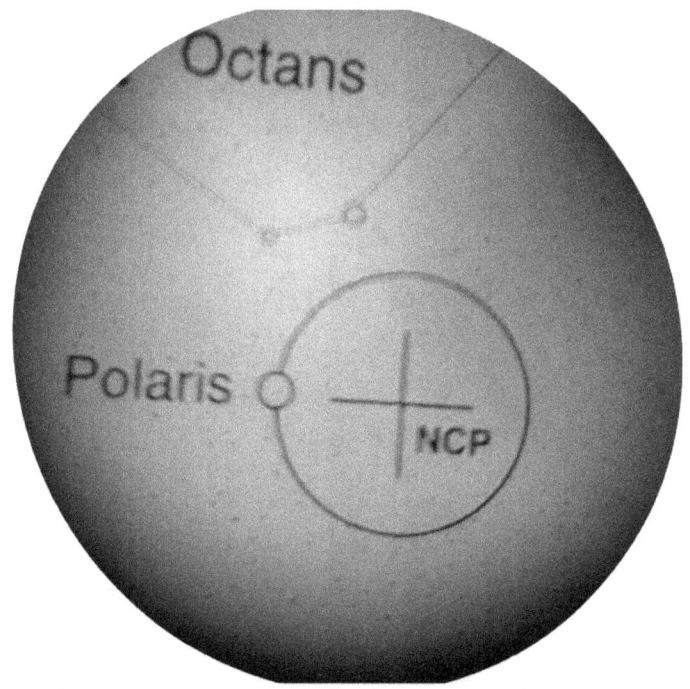

*Abbildung 4: Blick durch den Polsucher mit der Markierung für Polaris.*

Die zweite und dritte Frage mit einem einfachen Lösungsweg zu beantworten ist leider nicht möglich. Da hilft nur Kollege Computer weiter. Allerdings auch nur dann, wenn er in die Montierung eingebaut ist. Dann wird die Montierung als GOTO-Montierung beworben. Wenn für Sie die Benutzung der Rektaszensionsachse ein Problem darstellt, ist die GOTO-Montierung die Lösung für Sie. Nachdem Sie mit dem Polsucher die Lage der Rektaszensionsachse eingestellt haben, schalten Sie die GOTO-Montierung ein. Der Computer fragt Sie nach einem sichtbaren Stern. Nach der Bestätigung steuern Sie die Montierung mit den Pfeiltasten der Bedienung auf den genannten Stern und bestätigen auf dem Steuergerät. Das war's. Nun brauchen Sie nur noch das gesuchte Objekt in die Bedienung einzugeben. Das Fernrohr fährt dank der GOTO-Steuerung zum Objekt und im Fernrohr sollte das Objekt mittig zu sehen sein. Mehr oder weniger. Wenn also das

Aufsuchen eines Objekts mit Hilfe der Rektaszensionsachse ein Problem für Sie darstellt, sollten Sie auf GOTO-Montierungen bestehen. In diesem Buch gehe ich davon aus, dass Sie meinen Rat befolgt haben und beschränke auf die Beschreibung der Handhabung von GOTO-Montierungen, wenn das überhaupt nötig ist.

## Das super stabile Stativ

Eine richtig aufgestellte GOTO-Montierung ist nun tatsächlich so etwas wie das Stativ für den Astrofotografen. Bei sorgfältiger Aufstellung können Belichtungszeiten von bis zu einer Minute durch das Fernrohr möglich sein. Aber gute Astrofotografien benötigen gelegentlich auch mal Belichtungszeiten im Stundenbereich. Was dann? Dann hilft nur ein zweites Fernrohr, das Leitrohr (Spötter nennen es auch Leidrohr), welches am Fernrohr parallel montiert wird. Siehe Kapitel „Maßnahmen zur Verbesserung der Nachführgenauigkeit" auf Seite 142. Eine Digitalkamera beobachtet einen Stern. Wann immer sich der im Leitrohr bewegt, gibt die Digitalkamera ein Signal an die GOTO-Montierung und bringt sie wieder auf Kurs. Dieses Verfahren heißt Autoguiding und macht eine GOTO-Montierung zu einer super stabilen Montierung, die Belichtungszeiten in fast jeder Länge erlaubt.

## Vorschläge für den Anfänger

Es gibt GOTO-Montierungen vom Typ parallaktische Montierung im Preisbereich von 500€ bis 10.000€. Meine Erfahrung beruht auf den Montierungen HEQ5 und EQ6 von Skywatcher, einem preiswerten chinesischen Produzenten, sowie der Celestron CGEM Montierung. Alternativ sind die Celestron CAMGoto, Skywatcher EQ3Skyscan Beispiele weiterer preiswerter parallaktischer GOTO-Montierungen. Sie alle haben, bis auf die CGEM, eine Klemmung für GP-Prismenschienen. Die meisten Teleskope kommen mit einer solchen Prismenschiene und können direkt auf der Klemmung befestigt werden. Wenn Sie Astrofotografie betreiben wollen, sollten Sie

GOTO-Montierungen meiden, die nicht vom Typ parallaktischer Montierung sind. Die meisten dieser für Fotografie weniger geeigneten Montierungen benutzen eine Gabelmontierung oder eine Einarmmontierung. Erkundigen Sie sich bei Ihrem Händler. Für visuelle Beobachtungen sind diese Montierungen dagegen unübertroffen praktisch und handlich.

# Die benötigte Ausrüstung

## Die Montierung

Als Montierung bezeichnet man den Teil eines Teleskops, welches die Optik trägt und im Verlauf der Beobachtungsnacht dafür sorgt, dass die Kamera bei den langen Belichtungszeiten das astronomische Objekt nicht aus dem Sucher verliert. Gleichzeitig sollte die Montierung ein schnelles Finden des Objekts ermöglichen. Und sie muss stabil sein, denn die Optik mit angehängter Kamera wiegt schon etwas. Zudem darf die ganze Anlage nicht bei dem kleinsten Windhauch anfangen zu schwingen. Dafür setzt man die Montierung auf ein möglichst stabiles Stativ auf. Obwohl streng genommen Stativ und Montierung zwei verschiedene Bauteile sind, werden sie doch meist zusammen verkauft. Wie im Kapitel „Prinzipien der Astrofotografie" auf Seite 18 beschrieben, sollten Sie eine parallaktische GOTO-Montierung besitzen oder kaufen.

## Die Optik

Das eigentliche Fernrohr, die Optik, besteht entweder aus einem Linsenfernrohr oder einem Spiegelfernrohr. Falls Sie ganz neu mit dem Hobby beginnen wollen, ist eine Kombination von GOTO-Montierung und Optik ein guter Tipp. Gegebenenfalls kann man später die Optik austauschen. Für den Anfang sollte es eine Optik mit nicht zu langer Brennweite sein. Eine große Öffnung ist natürlich gut, weil kurze Belichtungszeiten möglich sind, aber teuer. Für den Anfänger mag die folgende Übersicht hilfreich sein (Tabelle 1).

| Typ | Achromat (Refraktor, Linsenteleskop) | Apochromat (Refraktor, Linsenteleskop) | Newton (Reflektor, Spiegelteleskop) | Maksutov-Cassegrain (Spiegelteleskop mit Linsen) | Schmidt-Cassegrain (Spiegelteleskop m Linsen) |
|---|---|---|---|---|---|
| **Vorteil** | Preiswert. | Gute Abbildungs-qualität, Große Öffnung. | Gute Abbildungs-qualität. Große Öffnung. Preiswert. | Gute Abbildungs-qualität. Preiswert. Lange Brennweite. Geringer Wartungs-aufwand. | Gute Abbildungs-qualität. Lange Brennweite. Geringer Wartungs aufwand. |
| **Nachteil** | Farbfehler, kleine Öffnung. | Teuer, schwer. | Schwer. Hoher Wartungs-aufwand. | Kleine Öffnung. Lange Brennweite. | Kleine Öffnung. Lange Brennweite. |
| **Preisbereich** | 200-500€ | 400-5000€ | 100-5000€ | 300-1000€ | 500-7000€ |
| **Bemerkung** | Preiswertes Linsenteleskop. Für anspruchsvolle Amateure weniger geeignet. Zum Einstieg durchaus geeignet. | Für anspruchsvolle Amateure geeignet. Meistens Brennweiten unter 1000mm. Mehr für Großfeldaufnahmen Geeignet | Für anspruchsvolle Amateure geeignet. Alle Brennweiten und Qualitäten erhältlich. Erfordern wegen ihrer Baugröße bessere Montierungen. Die Spiegel Müssen häufig justiert werden. Weniger für Anfänger geeignet. | Wegen der kleinen Öffnung und langen Brennweite erfordern Aufnahmen lange Belichtungszeiten. Entsprechend gut muss die Montierung eingestellt Sein. Eher für erfahrene Amateure. | Wie Maksutov-Cassegrain. Sehr gute Abbildungsqualität ist eher für anspruchsvolle Amateure. |

Tabelle 1: Übersicht über Fernrohrtypen.

Das Einsteigerteleskop für den Astrofotografen sollte leicht transportabel sein, damit man schnell aufnahmebereit ist. Deshalb ist eine Kombination aus einer kleinen GOTO-Montierung mit einem kleinen Refraktor zum „Blutlecken" geeignet. Mit ca. 700€ ist man dabei. Aber wer sich nicht sicher ist ob dieser Mindesteinsatz sich lohnt, der kann auch Schritt für Schritt beginnen. Eine Schritt für Schritt Einleitung findet sich im Kapitel „Die erste Beobachtungsnacht" auf Seite 71.

# Die Kamera

Das wichtigste Kriterium einer Kamera für die Astrofotografie ist ihre Lichtempfindlichkeit. Wir reden allerdings hier nicht über spezielle Kameras für die Astrofotografie. Die können locker den Preisbereich von 10.000 € erreichen. Nein, wir wollen uns mit einer einfachen Digitalkamera, die wir bereits besitzen, auf den Weg der Astrofotografie begeben. Falls die Begegnung mit der Astrofotografie Spaß macht, können Sie immer noch eine solche Kamera erwerben.

Schaut man sich den Markt der Digitalkameras an, können wir folgende Typen von Digitalkameras unterscheiden:

- Digitale Spiegelreflexkamera. Dieser Typ besitzt einen optischen Sucher durch das Objektiv. Besonderes Kennzeichen sind die Wechselobjektive, die über ein Bajonett an die Kamera angesetzt werden. Neuere Vertreter dieser Gattung besitzen eine sogenannte „Live-View" Einstellung. Wird diese eingeschaltet, klappt der Spiegel nach oben und gibt den Weg zum Bildsensor frei. Das Bild kann dann direkt auf dem Display der Kamera beobachtet werden. Diese Option ist bestens geeignet, um den Fokus des Fernrohres einzustellen.

- Digitale Systemkamera. Dies ist einerseits die Weiterentwicklung der digitalen Spiegelreflexkamera ohne Spiegel, andererseits ein Rückgriff auf die gute alte Ur-Leica und andere Vertreter von Kameras, mit einem Wechselobjektiv aber ohne einen Klappspiegel. Auch diese

Kameras besitzen einen Bajonettanschluss für Wechselobjektive, verzichten aber auf den Spiegel und erlauben nur die Beobachtung im „Live-View" Modus.

- Digitalkamera mit fest eingebautem Objektiv. Die klassische Digitalkamera, die aber nur für afokale Okularprojektion (siehe Kapitel Afokale Okularprojektion auf Seite 32) und Strichspuraufnahmen eingesetzt werden kann.

Besonders geeignet sind wegen der Wechselobjektive nur die Spiegelreflexkamera (optimal im Live-View Modus) und die Systemkamera. Mit der normalen Digitalkamera kann man beginnen, wird aber sehr schnell den Wunsch nach einer besseren Lösung spüren.

In jedem Fall sollte die Kamera eine Manuelle Einstellung von Belichtungszeit, Empfindlichkeit und im Falle einer Digitalkamera mit fest eingebautem Objektiv, auch eine manuelle Einstellung des Fokus ermöglichen.

Die Empfindlichkeit der Kamera in ISO ist eine der wichtigsten Größen. Hier ist allerdings gegenüber dem gedruckten Prospekt erhebliche Skepsis geboten. Wichtig ist, dass die Kamera bei hoher Empfindlichkeit nicht zu sehr rauscht. Wer sich eine Kamera auch für die Astrofotografie zulegt, sollte diesbezüglich die üblichen Testberichte sorgfältig beachten.

In meinem Fall fotografiere ich mit 6400ISO Empfindlichkeit und erhalte recht brauchbare Aufnahmen (siehe später). Deshalb empfehle ich in jedem Fall nach einer Kamera mit mindestens 6400ISO Empfindlichkeit Ausschau zu halten. Die Tabelle 2 zeigt eine Auswahl mit Kameras hoher Maximalempfindlichkeit.

| Kamera (Auswahl) | Maximale ISO-Empfindlichkeit | Preis (Stand 2012) |
|---|---|---|
| Nikon D4 | 204800 | ab 5700 € |
| Canon EOS 6D | 102400 | ab 2000 € |
| Pentax K5 | 51200 | ab 1000 € |
| Canon EOS 650D | 25600 | ab 600 € |
| Nikon D5100 | 25600 | ab 450 € |
| Olympus E-PL5 | 25600 | ab 700 € |
| Sony NEX-5 | 25600 | ab 500 € |
| Panasonic LUMIX GH2 | 12800 | ab 800 € |
| Samsung NX1000 | 12800 | ab 450 € |

*Tabelle 2: Auswahl an Kameras (Stand 2012).*

# Fokale Astrofotografie

Man braucht für dieses Verfahren eine Kamera mit Wechselobjektiv. Also entweder eine Systemkamera oder eine digitale Spiegelreflexkamera. Das Objektiv wird entfernt und nicht benutzt. Ist die Empfindlichkeit hoch genug, kommt man möglicherweise mit so kurzen Belichtungszeiten aus, dass man bei einigen astronomischen Objekten auf eine Nachführung mittels Autoguiding verzichten kann. Das vereinfacht die Astrofotografie für den Einstieg. Später kann man ja immer noch aufrüsten. Aber erst mal muss der erste Erfolg her. Für die Kamera muss ein T2-Adapter verfügbar sein. Als die Welt noch ohne Digitalkameras auskam, gab es Wechselobjektive, die konnte man an alle Spiegelreflexkameras anschließen. Der Trick: Das Objektiv hatte ein T2-Gewinde. Und für jede Kamera gab es einen T2-Adapter, der an die Kamera passte. Das Objektiv wurde dann in den T2-Adapter geschraubt und funktioniert prima an jeder Kamera, zu der ein T2-Adapter existierte. Und das war praktisch jede Kamera des Marktes. Diesen Trick machen sich die Astrofotografen heute noch zu Nutze. Es gibt Einsteckhülsen mit T2-Gewinde, die passen in die Objektivhülse des Teleskops, also dorthin, wo normalerweise das Okular den Einblick in das Fernrohr erlaubt. An das Ende der Einteckhülse wird dann die Kamera mit dem T2-Adapter geschraubt. Und schon bilden die Kamera und das Fernrohr eine Einheit. Der Bildsensor der Kamera befindet sich dann in der Brennebene des Fernrohres. (Abbildung 5). Mit dieser Technik werden die professionellen Astroaufnahmen gemacht. Aber es geht auch billiger.

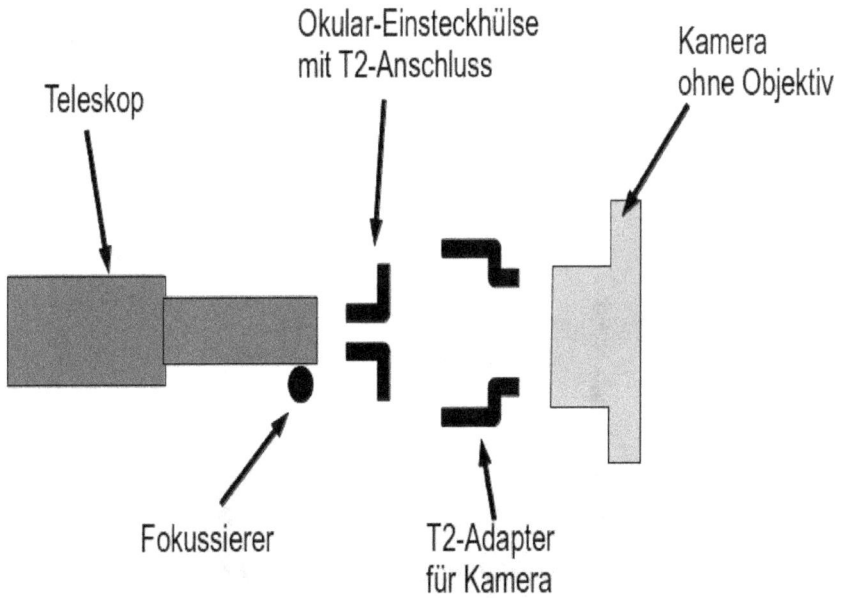

Abbildung 5: Anschluss einer Kamera für fokale Astrofotografie.

Wir beschränken uns in diesem Buch auf Astrofotografie mit Amateurkameras, die im Haushalt des Lesers schon vorhanden sind. Es soll nicht verschwiegen werden, dass professionelle Astrofotografie nur mit speziellen gekühlten Bildsensoren bestritten wird. Aber das ist eine andere Liga.

## Afokale Okularprojektion

Für diese Technik tut es auch eine klassische Digitalkamera jeder Qualitätskategorie. Hilfreich wäre eine manuelle Entfernungseinstellung. Man stellt den Fokus auf Unendlich ein und befestigt mit einer so genannten "Digiklemme" die Kamera hinter dem Okular des Fernrohrs (Abbildung 6).

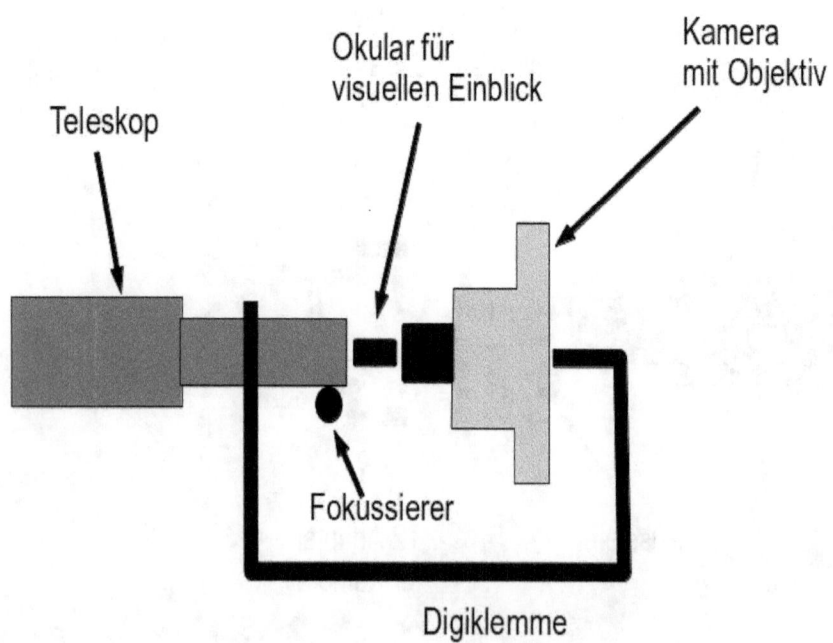

*Abbildung 6: Benutzung der Kamera für afokale Okularprojektion.*

Wie immer wird mit dem Fokussierer des Teleskops scharf gestellt. Es gibt auch spezielle Fotookulare, bei denen am Okular bereits ein T2-Anschluss vorhanden ist. Falls das Objektiv der Kamera ein Filtergewinde besitzt, gibt es im Fachhandel Adapterringe, die das Okular mit T2-Anschluss direkt mit dem Filtergewinde des Kameraobjektivs verbinden. Leider haben moderne Digitalkameras keine Filtergewinde mehr.

## Fokale Okularprojektion

Bei dieser Variante wird ein Fotookular mit T2-Anschluss verwendet um direkt auf den Bildsensor der Kamera zu projizieren. Der Vorteil besteht darin, die Brennweite des Teleskops zu verlängern. Leider ist hier auch eine Kamera mit abnehmbaren Objektiv erforderlich (Abbildung 7).

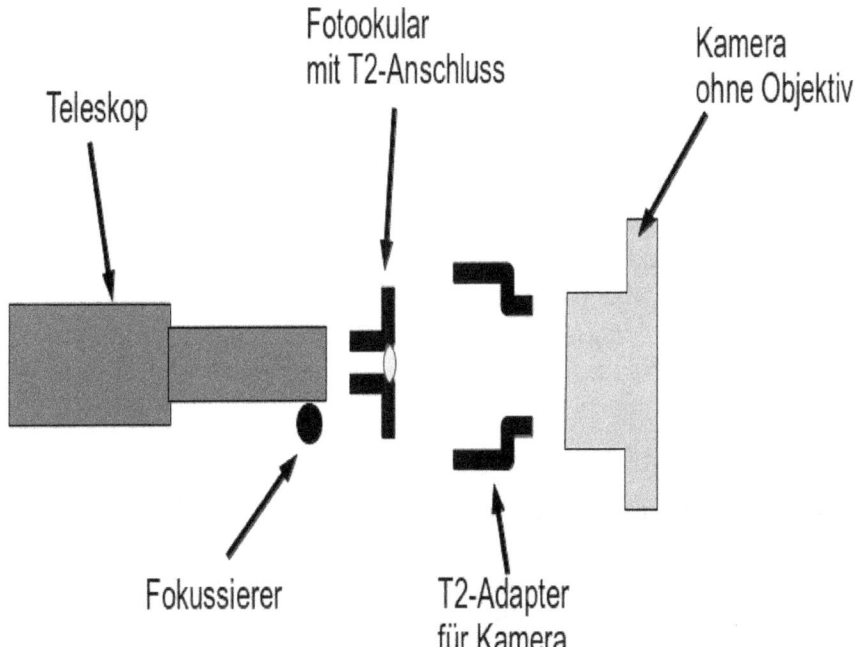

*Abbildung 7: Bei der fokalen Okularprojektion erzeugt das Okular ein vergrößertes Bild des Objektivbildes auf dem Bildsensor.*

## Aufnahme ohne Teleskop

Natürlich kann man auch direkt mit der Kamera mit dem dazu gehörigen Objektiv Aufnahmen machen. Dazu bieten sich zwei Möglichkeiten an:

- Fotografie mit einem Fotostativ. Die Kamera wird nicht mit einem Motor nachgeführt. Die Sterne werden deshalb nicht punktförmig abgebildet sondern ziehen eine Strichspur im Bild. Ist Polaris im Bild, zeigen die Strichspuren ihren Kreischarakter um Polaris herum.
- Anbringung der Kamera auf der Montierung. Es gibt GP-Schienen mit einer Schraube für den Gewindeanschluss der Kamera. Dann kann die Kamera mit eigenem Objektiv nachgeführt werden. Je nach Qualität des Objektives und der Kamera können so schon schöne Großfeldbilder zu Stande kommen.

## Die Aufnahme

Mit dem Fernrohr wird der Fokus eingestellt. Die Schärfe wird entweder auf dem Display der Kamera verfolgt oder bei einer digitalen Spiegelreflexkamera im Sucher. Falls die digitale Spiegelreflexkamera einen Live-View Modus besitzt, sollten Sie diesen zum Fokussieren benutzen. Falls Ihre Kamera die manuelle Einstellung der Belichtungszeit ermöglicht, wählen Sie für die ersten Aufnahmen die längste mögliche Belichtungszeit. Bis zu 30 Sekunden erlauben bei maximaler Empfindlichkeit der Kamera von 6400ISO schon eindrucksvolle Aufnahmen des Nachthimmels.

# Meine eigene Ausrüstung

Vielleicht ist es für Anfänger interessant, mit welcher Ausrüstung ich derzeit meine Fotos mache. Ich habe deshalb die Tabelle 3 zusammengestellt. Meine Ausrüstung ist nicht professionell und an meinem schmalen Geldbeutel orientiert. Außerdem steht bei mir die schnelle Aufstellung und Transportierbarkeit im Vordergrund. Ganz sicher eignet sich die Ausrüstung nicht um ein Hochglanzbuch über Astrofotografie zu beschicken. Aber im privaten Umfeld sind die meisten Freunde über die Qualität der Aufnahmen beeindruckt. Beispiele der mit dieser Ausrüstung gemachten Fotos finden sich bei [2], [35] und [48]. Tatsächlich zeigt sich, dass bei sorgfältiger Ausrichtung der Montierung und unter Ausnutzung der höchsten Empfindlichkeitsstufe der Kameras und der längsten Belichtungszeit unterhalb von B (30s bei der Nikon, 60s bei der Olympus) Aufnahmen bei allen Teleskopen ohne Nachführung zu runden Sternen führen.

Die Olympus M1 ist eine sehr neue Spitzenkamera, die mit vielen Eigenschaften überzeugt, welche für den Astrofotografen nützlich sind:

- Sucher mit LV-Erweiterung macht den Sucher faktisch zum Nachtsichtgerät. Damit ist sowohl die Fokussierung, als auch die Bildausrichtung sehr einfach geworden (Abbildung 8).
- Olympus Share App erlaubt WIFI Fernbedienung des Gerätes, d.h. Sucherbetrachtung, erschütterungsfreies Auslösen und berührungsfreie Einstellung der Kamera auf dem Smartphone/Tablet-PC sind möglich.
- Life Time-Belichtung erlaubt auf dem Sucher den Belichtungsvorgang zu verfolgen. Man sieht das Bild „wachsen".

*Abbildung 8: Der offene Sternhaufen M39 in der Sucheransicht der Olympus M1 mit Olympus Share.*

| Gerät | Preis (ca.) Stand 10/2014 | Besondere Eigenschaften |
|---|---|---|
| Celestron CGEM | 1600 € | Noch transportable, leicht einzunordende, leicht zu bedienende GOTO Montierung mit elektronischer Einnordung. |
| iOptron SkyTracker | 380€ | Ultraleichte Reisemontierung, die auf ein normales Fotostativ aufgesetzt wird. Eine preisgünstige App für Android und Apple Smartphones und Tablets ermöglicht blitzschnelles präzises einnorden mit dem beiliegenden Polsucher. Trägt die Kamera mit einem leichten Teleobjektiv bis ca. f=300 mm. Ist wegen ihrer geringen Größe und Gewicht auf jeder Reise immer dabei. |
| ETX90 Maksutov-Cassegrain Teleskop f=1250mm, d=90mm | 500 € | Sehr klein, sehr leicht, exzellente Bildqualität, mit Klappspiegel für Okular/Kamera eingebaut. Mein Exemplar ist etwas älter. Die mitgelieferte Gabelmontierung (heute wird eine GOTO-Gabelmontierung mitgeliefert) habe ich entfernt und benutze nur das Teleskop mittels des Fotogewindes und einer GP-Schiene mit Fotogewindeschraube. |
| Orion ED80 achromatischer Refraktor f=400mm, d=80mm | 140 € | Kleines achromatisch korrigiertes Linsenfernrohr mit akzeptabler Bildqualität. Eigentlich als Leitrohr für die Nachführung angeschafft, tut es auch als Übersichtsfernrohr seinen Dienst. Besonderer Vorteil: Der Auszug besitzt direkt einen T2-Anschluß. Der Preis bezieht sich auf ein vergleichbares Teleskop in Deutschland. |
| Astro Professional ED102 Refraktor f=714mm, d=102mm | 800 € | Größeres apochromatisch korrigiertes Linsenfernrohr mit guter Bildqualität. |

| Gerät | Preis (ca.) Stand 10/2014 | Besondere Eigenschaften |
|---|---|---|
| GSO Newton Spiegel-fernrohr f=800mm, d=200mm | 450 € | Sehr lichtstarker Fotonewton. Muss vor jedem Einsatz neu justiert werden. Einsatz erfolgt mit einem 2"-Koma Korrektor. Sehr schwer und daher für transportablen Einsatz nicht geeignet. Es gibt auch eine Ausführung mit Carbon Tubus. |
| Kamera Olympus E-410. | n.e. | Die ältere DSLR-Kamera arbeitet mit dem FourThirds-Bajonett (FT) und ist nicht mehr erhältlich. Die Nachfolger arbeiten mit dem Micro-FT (MFT) Bajonett und sind als Systemkameras konzipiert. Wegen des kleinen Bildsensors erhält man eine faktische Brennweitenverdopplung gegenüber dem Kleinbildformat. Mit nur 1600 ISO deutlich weniger lichtempfindlich als die Nikon. Mit Live-View zur Kontrolle der Schärfe auf dem Monitor. |
| Kamera Nikon D5100 | ca. 500 € | DSLR-Kamera mit bis zu 25.600 ISO Lichtempfindlichkeit. Der drehbare Monitor erlaubt in Zusammenarbeit mit Live-View eine einfache Einstellung des Fokus ohne Verrenkung. Mit dieser Kamera wurde bei 6400 ISO und 30s Belichtungszeit mit allen Fernrohren ohne Nachführung fotografiert. |

| Gerät | Preis (ca.) Stand 10/2014 | Besondere Eigenschaften |
|---|---|---|
| Kamera Olympus E-M1 | Ab 1300€ | Neue MFT Systemkamera mit klappbarem Monitor. Max. 25.600 ISO Lichtempfindlichkeit mit kaum wahrnehmbarer Verschlechterung des Bildeindrucks bis 1600 ISO. Als Systemkamera besitzt die Kamera ein sehr geringes Auflagemaß und passt damit an nahezu jede Optik. Für Astronomen interessant ist die LV-Erweiterung des Suchers, der den elektronischen Sucher faktisch zu einem Lichtverstärker macht. Die eingebaute WIFI-Verbindung zum Smartphone erlaubt Fernsteuerung über das Smartphone, inkl. Live View. Die Systemupdates halten die Kamera aktuell. Nahezu alles ist einstellbar, aber man muss wissen wie. |

*Tabelle 3: Meine Ausrüstung.*

# Fotografische Schritte vom Anfänger zum Experten

## Sternspuraufnahmen

Als erster Schritt in Richtung Astronomie reicht ein einfaches Stativ oder die Positionierung der Kamera auf einer Maurer mit Blick Richtung Himmel, möglichst mit dem Himmelsnordpol oder Himmelssüdpol im Bildbreich. Die Kamera wird auf manuelle Belichtung oder Zeitvorwahl gestellt und die längste Belichtungszeit eingestellt. Die Blende wird um zwei Blendenstufen von voller Öffnung abgeblendet um maximale Schärfe zu liefern. Der Fokus wird auf Unendlich gelegt, am besten durch manuelle Fokussierung, damit der Autofokus nicht fälschlich auf ein Objekt im Vordergrund fokussiert. Die Empfindlichkeit sollte möglichst klein eingestellt werden, aber doch so groß, dass die Sterne gut belichtet erkennbar sind. Hell erleuchtete Gebäude sollten nicht im Bildbereich liegen. Nach ein paar Versuchen sollte ein Bild wie die Sternspuraufnahme in Abbildung 97 auf Seite 179 auf der Speicherkarte sein. Als Optik kommt jedes Objektiv in Frage, ein Weitwinkelobjektiv liefert allerdings beeindruckendere Ergebnisse.

## Huckepackaufnahmen

Nun sollte ein einfaches Teleskop auf einer parallaktischen Montierung vorhanden sein. Ein Teleskop von der Qualität des ED80 auf einer einfachen parallaktischen Montierung wie der EQ1 oder besser ist bereits im Preisbereich zwischen 100€ bis 200€ erhältlich. Die Montierung wird man nur für die Huckepackaufnahmen verwenden. Aufnahmen durch das Teleskop ist einer später anzuschaffenden GOTO-Montierung vorbehalten. Das Teleskop selbst darf dennoch ruhig von etwas besserer Qualität sein, es wird später als Nachführteleskop eingesetzt (Siehe Kapitel

„Maßnahmen zur Verbesserung der Nachführgenauigkeit" auf Seite 142). Von besonderem Nutzen ist eine Rändelschraube auf den Rohrschellen des Teleskops, auf die man die Kamera aufschrauben kann (Abbildung 9).

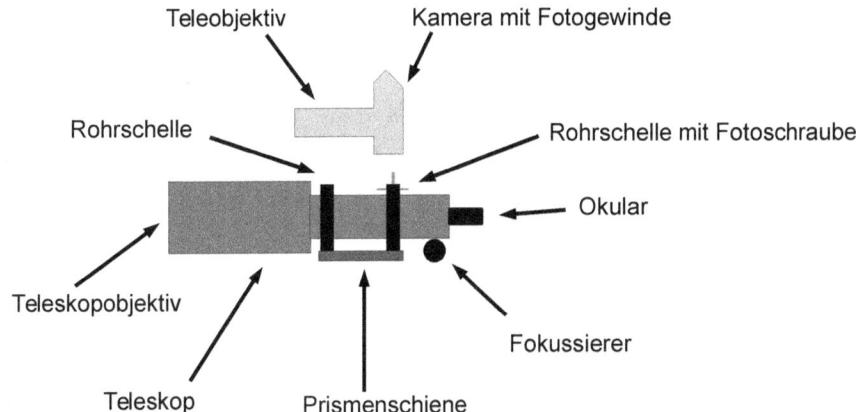

*Abbildung 9: Die Kamera wird Huckepack auf dem Teleskop befestigt. Eine Rohrschelle mit Fotoschraube hält dabei die Kamera mit Fotogewinde.*

Die Kamera wird bei dieser Anordnung mit einem Teleobjektiv bestückt. Brennweiten bis f=300mm (KB-Äquivalent) sind bei ruhiger Nachführhand maximal möglich. Ansonsten wird diese Technik eher mit kurzbrennweitigen Objektiven für Himmelsübersichten verwendet. Die Einstellung der Kamera erfolgt wie im Kapitel „Sternspuraufnahmen" beschrieben. Die Montierung wird so genau wie möglich eingenordet. Die einfache EQ1 Montierung besitzt aber keinen Polsucher, weshalb die Ergebnisse nicht von besonderer Präzision sein werden. Zum Ausgleich wird während der Aufnahme im Okular ein Stern verfolgt und durch drehen der Rektaszensionsachse an der gleichen Stelle im Okular gehalten. Ist die Montierung gut eingenordet, reicht es, die Rektaszensionsachse zu drehen. Andernfalls muss auch die Deklinationsachse gedreht werden. Hilfreich ist ein Messokular, welches im Inneren eine Skala besitzt die von einer LED beleuchtet wird. Damit kann sehr präzise nachgeführt werden (Abbildung 10).

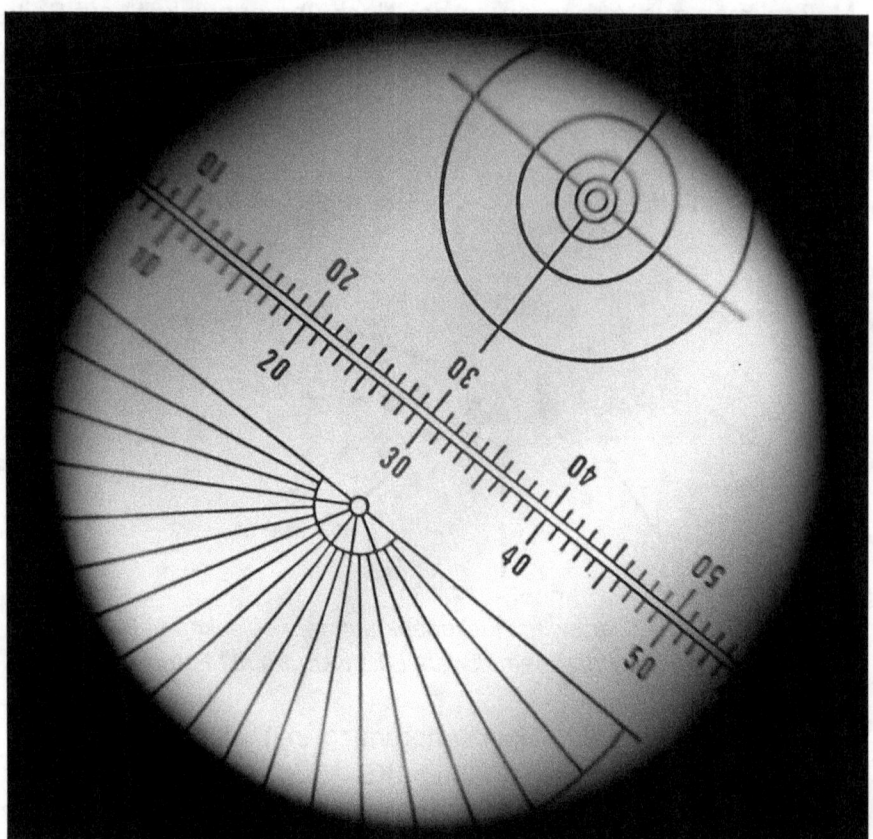

*Abbildung 10: Ein Messokular enthält verschiedene beleuchtete Skalen. Damit lässt sich ein Stern präzise nachführen.*

Es wird lediglich ein Stern in einer der Markierungen gesucht und durch drehen der Rektaszensions- und Deklinations-achse an der selben Stelle gehalten. Das Teleobjektiv sollte keine zu lange Brennweite haben, weil die Präzision der Nachführung mangels exakter Einnordung gering ist. Immerhin sollten so schon Aufnahmen großer Objekte, wie z.B. M31 (Andromedanebel, Abbildung 52 auf Seite 104), M45 (Plejaden) und NGC869 (h+χ Doppelsternhaufen) möglich sein. Kurz: Alle Objekte, die durch einen Feldstecher betrachtet werden können.

Alternativ bietet sich die Benutzung einer Reisemontierung an, die auf einem normalen Fotostativ aufgesetzt wird. Obwohl diese Lösung optisch äquivalent ist, weil das Bild von dem Objektiv der Kamera aufgenommen wird, ist diese Lösung deutlich teurer als die oben beschriebene. Die von mir verwendete Reisemontierung iOptron SkyTracker wird auf ein normales, möglichst stabiles Fotostativ aufgeschraubt, mit Hilfe des Polsucherfernrohrs und der

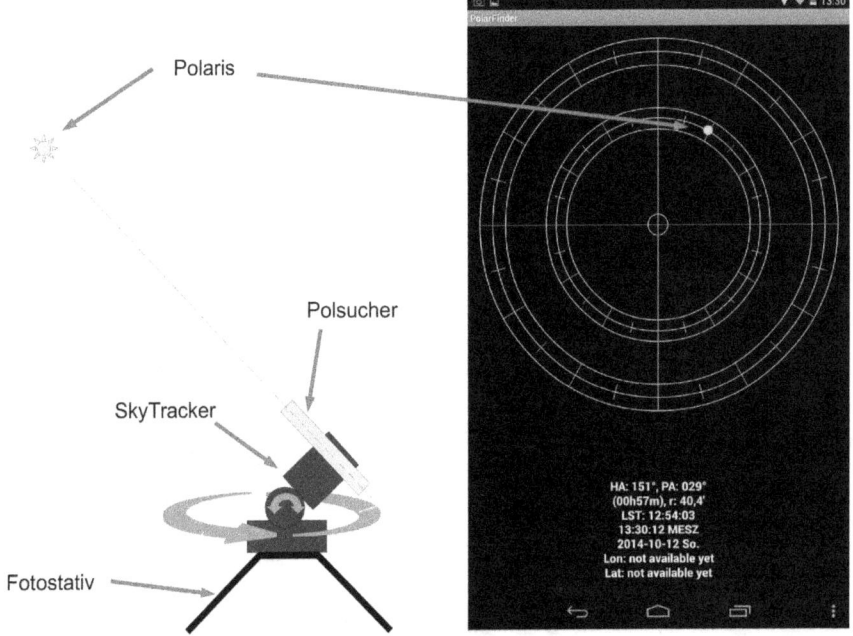

*Abbildung 11: Die Ausrichtung der Reisemontierung erfolgt mit Hilfe einer Polarfinder App und dem mitgeliefertem Polsucher. Die Montierung ist so einzustellen, dass Polaris an der markierten Stelle im Polsucher zu finden ist.*

Polarfinder App erfolgt die Einnordung der Montierung (Abbildung 11).

Dann wird die Kamera mit Teleobjektiv auf den Kugelkopf der Reisemontierung aufgesetzt und auf das Motiv ausgerichtet (Abbildung 12). Der Motor der Reisemontierung führt präzise nach, so dass Belichtungszeiten von mehreren Minuten möglich sind.

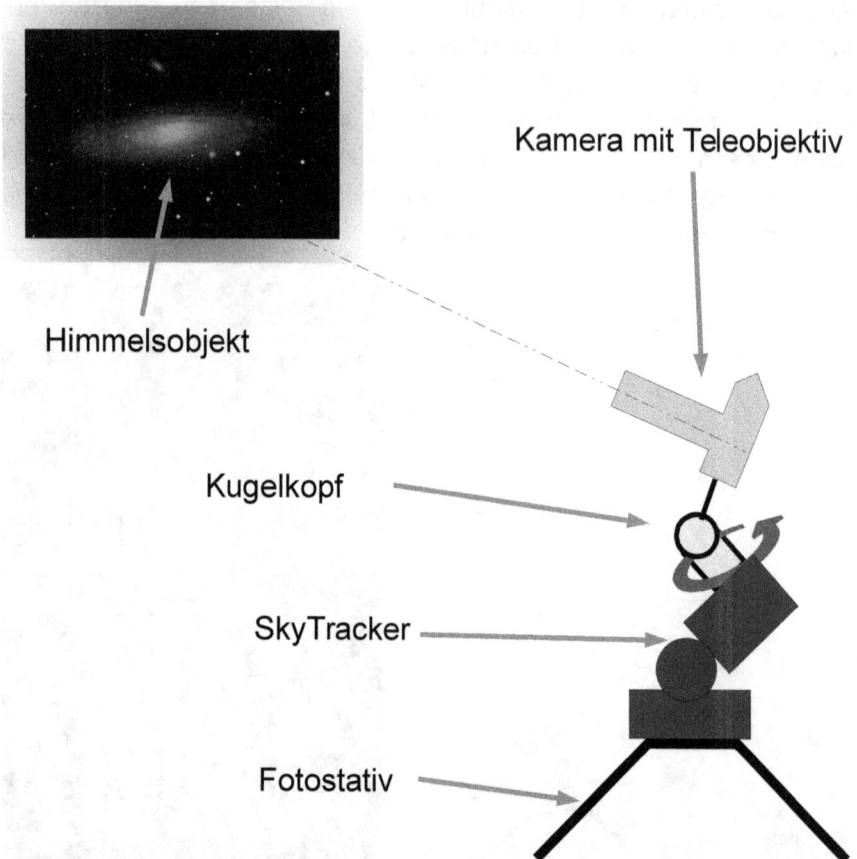

Kamera mit Teleobjektiv

Himmelsobjekt

Kugelkopf

SkyTracker

Fotostativ

*Abbildung 12: Die Kamera auf dem Kugelkopf wird auf das Himmelsobjekt ausgerichtet. Der Nachführmotor der Reisemontierung erlaubt minutenlange Aufnahmen.*

Diese Aufnahmetechnik ist auch mit Kompaktkameras mit fest eingebautem Objektiv möglich. Allerdings sollte die Kamera manuelle Belichtungseinstellungen ermöglichen. Auch eine manuelle Fokuseinstellung ist erforderlich. Dies bieten meist nur Bridge Kameras. Eine gute Systemkamera oder DSLR mit einem guten Teleobjektiv ist immer klar im Vorteil.

# Aufnahmen durch das Teleskop

Für den nächsten Schritt entfernen Sie das Okular und fotografieren direkt mit dem Teleskopobjektiv, wie in Kapitel „Fokale Astrofotografie" auf Seite 30 beschrieben. Nun ist keine Nachführkontrolle durch das Okular mehr möglich. Deshalb ist für diesen Schritt die Aufrüstung der Montierung erforderlich. Am besten Sie kaufen sich eine qualitativ hochwertige Ausführung, wie im Kapitel „Die Montierung" auf Seite 26 beschrieben. Jetzt sind sie in der Lage von allen Himmelsobjekten Aufnahmen mit dem Teleskopobjektiv zu machen. Wenn Sie mit dem kleinen Achromaten (ED80 oder ähnlich) wie im Kapitel „Koordinaten am Himmel" auf Seite 21 beschrieben fotografieren, sind Belichtungszeiten bis zu T=60 s möglich. Mit dieser Ausrüstung können Sie die in den folgenden Kapiteln beschriebenen Nachbearbeitungstechniken ausprobieren. Der weitere Fortschritt der Qualität Ihrer Aufnahmen wird nun von der Größe Ihres Geldbeutels bestimmt. Ein größeres Teleskop steht irgendwann auf Ihrer Wunschliste und dann die automatische Nachführung wie in Kapitel „Maßnahmen zur Verbesserung der Nachführgenauigkeit" auf Seite 142 beschrieben.

Dann versuchen Sie vielleicht mit Hilfe eines CLS-Filters auch unter ihrem lichtverseuchtem Nachthimmel lichtschwache Objekte zu fotografieren. Die Anleitung hierzu finden Sie im Kapitel „Verwendung von astronomischen Filtern" auf Seite 159.

Irgendwann sind Sie dann mit der Hintergrundbeleuchtung und dem schlechten Wetter an Ihrem Heimatort unzufrieden und begeben sich an einen der Orte, der im Kapitel „Vom Hinterhof zum Sternentheater" auf Seite 174 aufgelistet ist.

Im nächsten Schritt werden Sie dieses Buch beiseite legen und ein besseres schreiben. Mit Ihren eigenen Erfahrungen.

# Liste interessanter Objekte für die Kamera

Die folgende Übersicht sortiert die zu fotografierenden Objekte nach zunehmender Komplexität der erforderlichen Ausrüstung. Sternspuraufnahmen schließe ich aus dieser Auflistung aus, weil bei aller innewohnenden Ästhetik keine einzelnen astronomischen Objekte erkennbar sind.

## Kamera mit Objektiv und Stativ

Mit dieser Simpelausstattung, die jedem Hobbyfotografen zur Verfügung stehen sollte, lassen sich Sternbilder (Konstellationen) fotografieren. Man richtet die Kamera auf einem Stativ auf das Himmelsareal aus, in dem das Sternbild liegt und fotografiert mit einem Weitwinkelobjektiv. Sie werden bei diesem Verfahren schnell an die Grenzen einer Kompaktkamera kommen. Kompaktkameras erlauben selten eine manuelle Einstellung von Verschlusszeit und Blende. Bridgekameras haben diese Möglichkeit. Sie unterscheiden sich von den Systemkameras und DSLR vor allem durch die fehlende Möglichkeit des Objektivwechsels und die Sensorgröße.

### Veränderliche Sterne beobachten

Wolfgang Vollmann berichtet in der Zeitschrift „Sterne und Weltraum" [42] darüber, wie mit einer Digitalkamera veränderliche Sterne fotografiert und ihre Lichtkurve ausgewertet werden kann. Das funktioniert mit der beschriebenen Simpelausstattung technisch sehr gut. In Kurzform: Das Sternbild Kepheus wird mit einer Digitalkamera so oft wie möglich fotografiert. Ein normales Weitwinkelobjektiv reicht dafür aus. Die Bilder werden im RAW-Format abgespeichert. Die Auswertung erfolgt mit Hilfe des

Grünanteils des Bildes. Die Auswertungsprozedur ist zu komplex um hier dargestellt zu werden. Die in diesem Buch beschriebene Software reicht dazu aber aus.

So reizvoll dieses Projekt angesichts des geringen Materialaufwandes ist, so aufwändig gestaltet sich die Auswertung, die bei [42] detailliert beschrieben ist. Schon das Auffinden des auszuwertenden Sterns δ Cephei im Bild wird Anfängern Schwierigkeiten bereiten. Am einfachsten verwendet man hierfür den Vergleich mit Stellarium, nachdem man Ort und Zeit der Aufnahme eingestellt hat (Abb. 13).

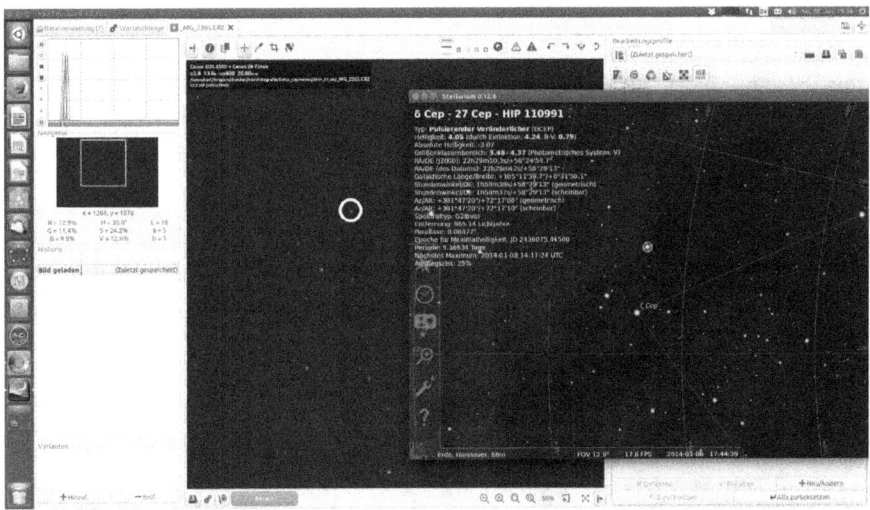

*Abbildung 13: Das Auffinden des gesuchten Sterns erfolgt am einfachsten durch direkten Vergleich mit Stellarium, nachdem Ort und Zeit eingestellt wurden.*

# Kamera mit Objektiv, Stativ und Reisemontierung

Ob die Anschaffung einer Reisemontierung sinnvoll ist oder nicht, will ich hier nicht diskutieren. Als Reisemontierung bezeichne ich eine möglichst kleine, leichte äquatoriale Montierung, die als

Minimalausrüstung einen Motor für die Nachführung der Rektaszensionsache besitzt. Diese wird dann auf ein normales Fotostativ aufgesetzt und die Kamera mittels Kugelkopf darauf befestigt. Im Kapitel Huckepackaufnahmen auf Seite 40 habe ich meine eigene Reisemontierung iOptron SkyTracker beschrieben. Wegen der geringen Größe und Gewicht einer solchen Ausrüstung ist sie bei mir immer im Gepäck, auch auf Flugreisen.

Der große Nachteil einer solchen Reisemontierung ist die fehlende Möglichkeit, Rektaszension und Deklination abzulesen bzw. einzustellen. Sie sind darauf angewiesen, das zu fotografierende Objekt am Himmel zu erkennen, zumindest seine Lage zu erahnen, und ohne Einstellhilfen, alleine mit dem Kugelkopf, die Kamera darauf auszurichten. Gerade für Anfänger eine nicht unerhebliche Hürde. Hilfreich hat sich dabei ein Leuchtpunktsucher erwiesen, der mit Hilfe eines Adapters auf die Blitzschiene der Kamera gesteckt wird. Auch jeder andere auf die Blitzschiene aufsteckbare **optische** Sucher ist geeignet. Beide Sucher erlauben einen Blick auf den Himmel, wie wir ihn ohne Hilfsmittel eben sehen und lassen helle Orientierungssterne erkennen. Die Auswahl der nun hier beschriebenen astronomischen Objekte berücksichtigt diese Schwierigkeiten.

Um auf die Frage zurückzukommen, ob es sinnvoll ist oder nicht, eine Reisemontierung anzuschaffen oder nicht doch gleich besser eine kleine GOTO-Montierung, hilft ein Blick in die Preisliste: Es gibt derzeit (Juni 2015) keine Reisemontierung unter 300€. Die preiswertesten GOTO-Montierungen starten bei etwa 400€. Anfänger sollten deshalb eher zur preiswertesten GOTO-Montierung als zu einer Reisemontierung greifen. Für Reisen dagegen ist die GOTO-Montierung auch in ihrer preiswertesten (und damit kleinsten) Ausführung nicht so gut geeignet, weil erheblich voluminöser.

## Die Milchstrasse

Mit einem guten Weitwinkelobjektiv lassen sich schöne Übersichtsaufnahmen der Milchstraße anfertigen. Im Prinzip gelänge eine Milchstrassenaufnahme auch ohne Reisemontierung, dann aber sind nur relativ kurze Belichtungszeiten möglich und die Details der Milchstraße kommen nicht so gut heraus. Deshalb die Empfehlung, auch bei Milchstraßenaufnahmen die Reisemontierung einzusetzen. Dann ist alles ganz einfach: Das Weitwinkelobjektiv voll aufblenden, auf manuelle Fokussierung setzen, auf unendlich einstellen. Dann auf die Milchstraße ausrichten und bei dunklem Himmel ca. 2min lang bei etwa ISO 800 belichten. Das Ergebnis sind je nach Lichtverschmutzung oftmals beeindruckende Übersichtsaufnahmen, in denen die unten beschriebenen großen Objekte bereits erkennbar sind. In der Abbildung 14 sind unter anderem die Plejaden, M31, der Californianebel und h+χ zu erkennen.

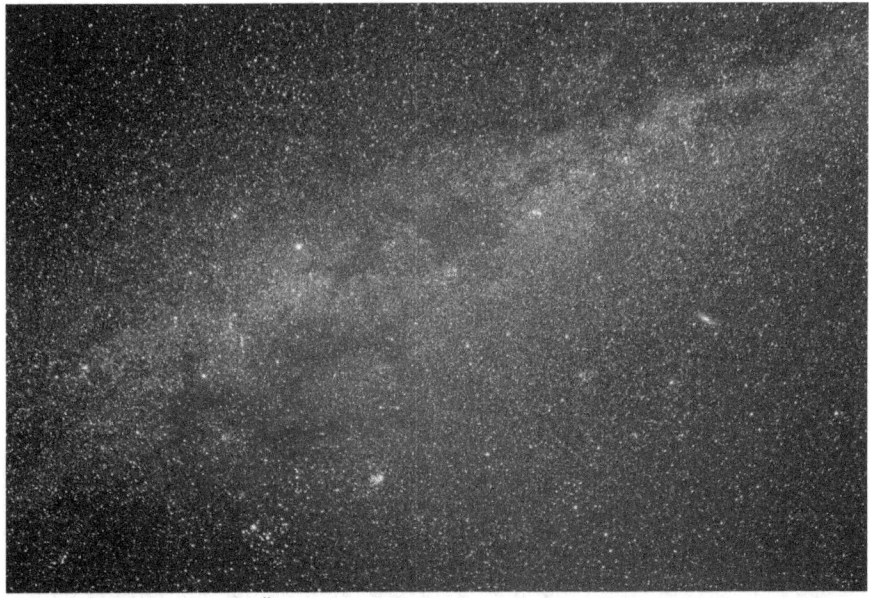

*Abbildung 14: Diese Überblickaufnahme mit der Nikon D5100 und einem Superweitwinkel von f=12mm Brennweite lässt viele Details erkennen.*

Der Druck vermag die Details im Bild allerdings kaum darzustellen, deshalb der Link auf das Bild bei Flickr [45].

# Nordamerikanebel (NGC7000)

Dieses Objekt ist ein wunderschöner großer Gasnebel mit dem Umriss Nordamerikas. Allerdings ist die Helligkeit nicht besonders hoch und deshalb nur an einem Ort mit geringer Lichtverschmutzung zu fotografieren. Das spricht für die Reisemontierung. Dazu kommt die geringe erforderliche Brennweite. Mit einer Brennweite von ca. f=200mm (KB-Äquivalent, siehe Kapitel Sensorgröße und Vergrößerung auf Seite 214), also einem leichten Teleobjektiv, läßt sich der Nebel formatfüllend aufnehmen (Siehe Abbildung 15).

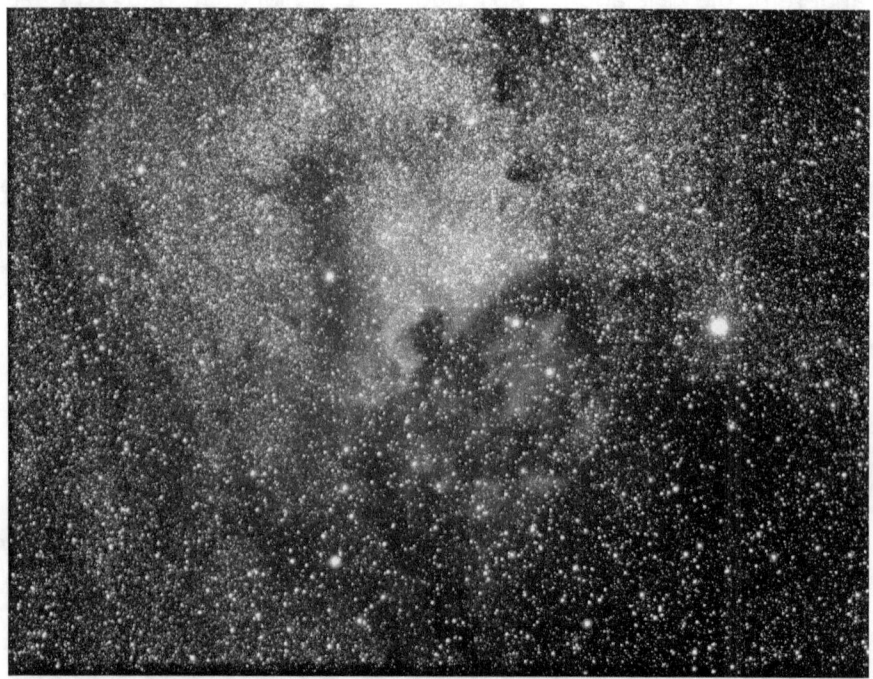

*Abbildung 15: Der Nordamerikanebel NGC7000, aufgenommen mit einem f=105mm Teleobjektiv an der Olympus E-M1 Kamera mit MFT-Sensor. Nachführung mit Reisemontierung iOptron SkyTracker [41].*

In Abbildung 15 ist ein heller Stern zu erkennen, der Deneb. Er ist ein Teil des Sommerdreiecks und deshalb leicht zu finden. Mit einer Systemkamera oder DSLR ist er problemlos im Sucher einzustellen.

Dann machen Sie eine Probeaufnahme mit offener Blende, maximaler Empfindlichkeit und mindestens einer Minute Belichtungszeit. Wenn auf dem Bild dann nur heller Himmel und Deneb zu sehen ist, dann ist Ihre Himmelsansicht lichtverschmutzt oder die Atmosphäre verhindert eine klare Sicht. Im ersten Fall hilft eine Reise an einen der wenigen Orte mit geringer Lichtverschmutzung (siehe Kapitel Vom Hinterhof zum Sternen-theater auf Seite 174) oder der Einsatz von Filtern, wie in Kapitel Verwendung von astronomischen Filtern auf Seite 159 beschrieben.

Aber auch dann wird NGC7000 nicht so brilliant erscheinen, wie in Abbildung 15. Es reicht fürs erste, wenn Sie die Umrisse von NGC7000 ausmachen können.

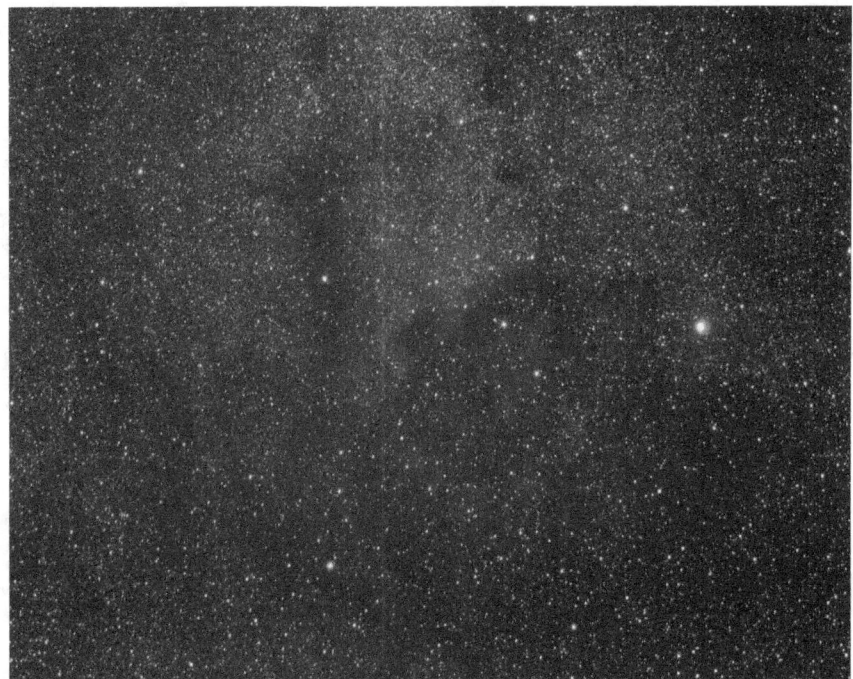

Abbildung 16: Originalframe zum NGC7000.

Abbildung 16 zeigt einen Originalframe, der zusammen mit 9 anderen Aufnahmen zu dem Bild in Abbildung 15 mit Hilfe der in diesem Buch beschriebenen Verfahren zusammengefügt wurde.

## Plejaden (M45)

Schon mit bloßem Auge an einem klaren Winterabend erkennbar ist der offene Sternenhaufen M45. Das Auffinden mit der Kamera ist ebenfalls unproblematisch: Im elektronischen Sucher erscheint der Sternenhaufen wegen seiner hellen Einzelsterne gut erkennbar und kann dort bestens scharf gestellt werden.

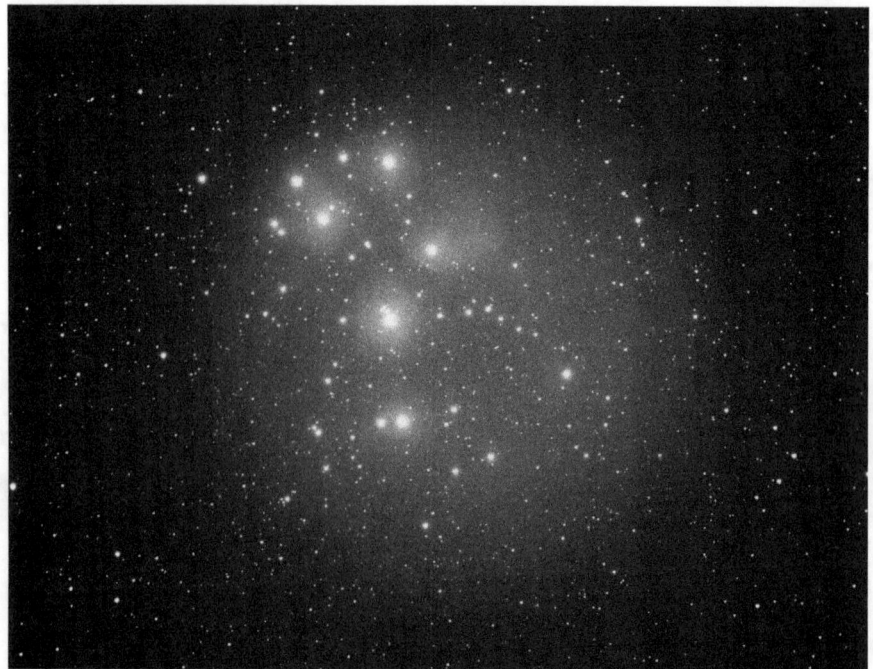

*Abbildung 17: Die Plejaden mit einem Rubinar 4,5/f=300mm Spiegelobjektiv (Russentonne) an einer Olympus E-M1 Kamera auf dem iOptron Skytracker aufgenommen.*

Das Foto in Abbildung 17 ist mit der Olympus E-M1 Kamera mit einem alten Spiegelobjektiv Rubinar 4,5/f=300mm mit M42-

Schraubgewinde aufgenommen worden. Diese Objektive, auch als Russentonne bezeichnet, gibt es preiswert auf dem Gebrauchtmarkt. Die Brennweite f=300mm (für den MFT-Sensor der Olympus E-M1 ist das effektiv eine Brennweite von f=600mm KB-Äquivalent, siehe Kapitel Sensorgröße und Vergrößerung auf Seite214) ist die längste praktisch einsetzbare Brennweite, weil die Positioniergenauigkeit des Kugelkopfs an ihre Grenzen stößt.

An diesem offenen Sternhaufen faszinieren nicht nur die einzelnen Sterne, dazwischen befindet sich auch blau leuchtender interstellarer Staub, der von den Sternen des Sternhaufens angeleuchtet wird. Der Staub leuchtet also nicht selbst, daher die blaue Farbe. Diesen leuchtenden Staub in den Bildern herauszuarbeiten ist eine echte fotografische Herausforderung. In meinen Bildern auf Flickr finden Sie eine gelungene Version, welche ich in Marokko an einem Spitzenteleskop gewonnen habe [44].

## h+χ (NGC869, NGC884)

Dieser Doppelsternhaufen im Sternbild Perseus ist im Feldstecher ein beeindruckendes Objekt. Ich habe ihn im Januar 2015 in Marokko mit einem alten 2,3/f=135mm Teleobjektiv mit M42 Schraubgewinde abgelichtet (Abb. 18).

Auch hier kommt ein preiswertes gebrauchtes Teleobjektiv mit Schraubgewinde zum Einsatz, bei dem zudem die hohe Lichtstärke von 2,3 hilft das Objekt mit nur einer einzigen Aufnahme zu erwischen.

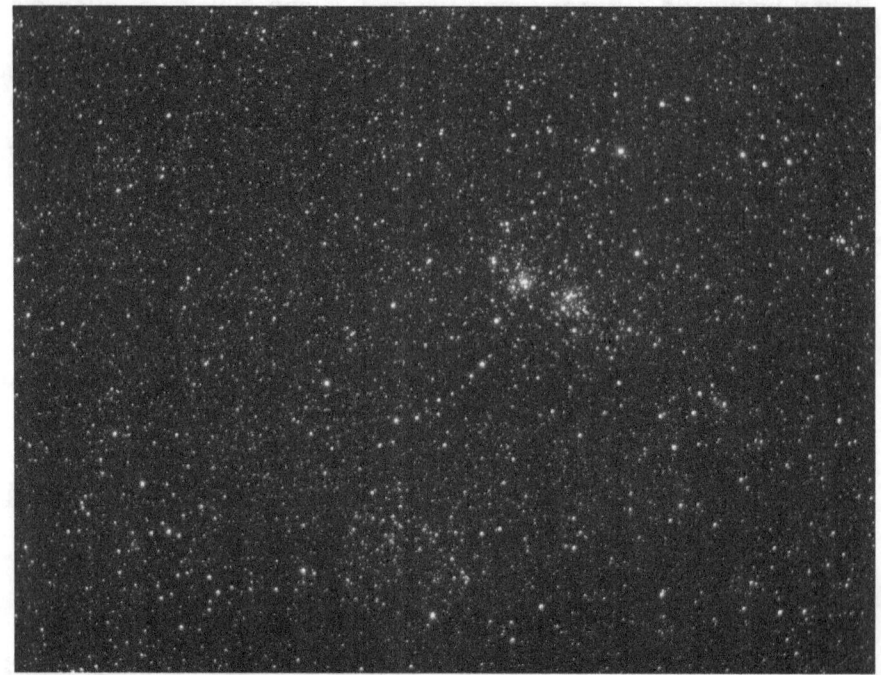

*Abbildung 18: Der Doppelsternhaufen NGC869, NGC884 im Perseus fotografiert mit Olympus E-M1 und f=135mm Standardtele.*

## Andromedanebel (M31)

Ebenfalls schon mit bloßem Auge erkennbar ist der Andromedanebel, unsere Nachbargalaxie. Da sich keine so markanten Sterne um M31 herum finden lassen, ist die Zentrierung mit einem lichtstarken f=135mm Teleobjektiv nicht ganz so einfach wie bei den Plejaden. Sie zielen mit dem Leuchtpunktsucher in die Richtung von M31 und machen solange Probeaufnahmen, bis M31 in der Bildmitte steht. Dann machen Sie die eigentliche Aufnahmeserie von 10 Aufnahmen. Abbildung 19 zeigt das Ergebnis mit einem 2,3/f=135mm Teleobjektiv an meiner Olympus E-M1 Kamera.

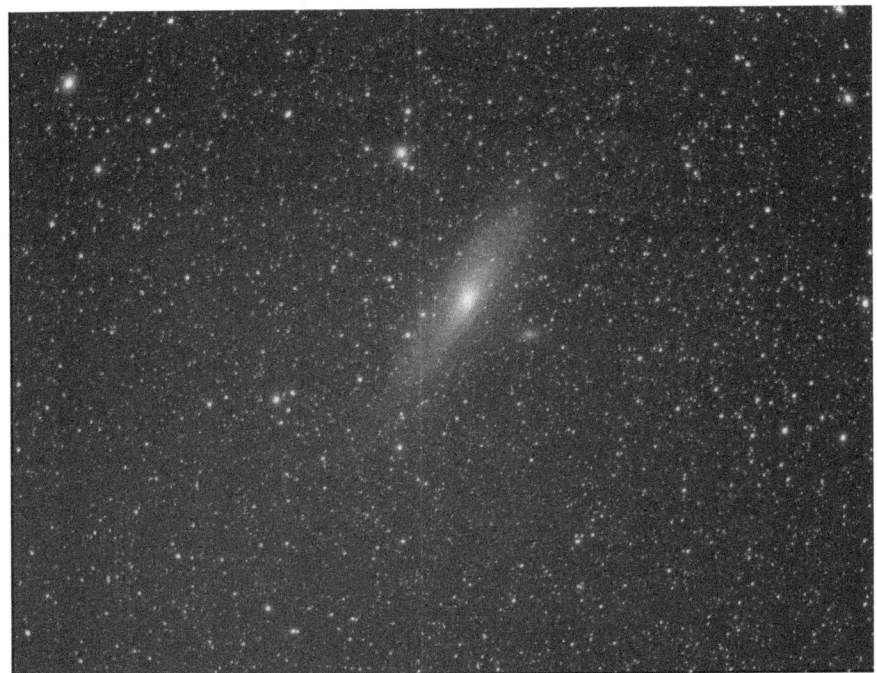

*Abbildung 19: Der Andromedanebel fotografiert mit der Olympus E-M1 und einem 2,3/f=135mm Teleobjektiv.*

# Aufnahmen durch das Teleskop auf einer GOTO-Montierung

Nun steht Ihnen die Welt der Astrofotografie offen. Allerdings mehren sich nun auch die Schwierigkeiten. Der Anfänger ist gut beraten, mit einer Brennweite von f=300mm bis f=500mm zu beginnen. Vielleicht tut es zunächst ein entsprechendes Teleobjektiv an einer Kamera, die auf einer Montageschiene auf der Montierung befestigt ist. Später wird eine längere Brennweite angeschafft und das Teleskop mit 500mm Brennweite wird zum Leitrohr degradiert. Als Arbeitsteleskop werden Sie je nach Zielobjekt für Deep Sky Objekte (Nebel, Sternhaufen, Galaxien) f=800mm bis f=1000mm verwenden, für Planeten so lange Brennweite wie möglich, gerne auch f=2m oder mehr.

Beim ansetzen der Kamera ist darauf zu achten, dass die lange Kameraseite parallel zur Rektaszensionsachse liegt, damit das Anvisieren von Objekten mit Stellarium (siehe Kapitel Auffinden verschiedener Katalognummern desselben Sterns am Beispiel des Supernovaüberrestes M1 auf Seite 56) vereinfacht wird.

In jedem Fall kann nun die exakte Positionierung des Objekts durchgeführt werden, wenn die Ausrichtung und Eichung der Montierung sorgfältig erfolgte. Dies ist leider meistens nur für den begrenzten Bereich der Fall, in dem die Eichsterne liegen. Deshalb empfiehlt es sich einen hellen Stern in der Nähe des zu fotografierenden Objekts aufzusuchen, auf dem anschließenden Foto das zu fotografierende Objekt zu erkennen und dann in mehreren Probeaufnahmen zu zentrieren.

Leider taucht hierbei das Problem auf, dass nicht immer Sterne mit Namen in der Nähe des Objekts aufzufinden sind. Dann hilft nur die Eingabe einer Katalognummer. Um die Sache nicht zu einfach zu machen, verwenden die Hersteller der Montierungen und die Programmierer der Software unterschiedliche Sternenkataloge. Deshalb an dieser Stelle die Beschreibung, wie Sie dieses Problem umgehen können.

## Auffinden verschiedener Katalognummern desselben Sterns am Beispiel des Supernovaüberrestes M1

Um den Supernovaüberrestnebel M1 zu fotografieren, wollen Sie einen hellen Stern in der Nähe aufsuchen. Stellarium zeigt Ihnen einen Stern mit der Katalognummer HIP26328, Ihre Montierung wünscht aber die Sternnummer im SAO Katalog.

Dieses Problem löst die Internetdatenbank SIMBAD der Universität Straßburg [46] (Abb. 20). Dort gehen Sie zur „Identifier Query" und geben HIP26328 ein. Sie erhalten dann das Ergebnis HD37013 der Heidelberger Durchmusterung mit den zugehörigen Sterndaten und weiter unten die gesuchte Katalognummer SAO77313.

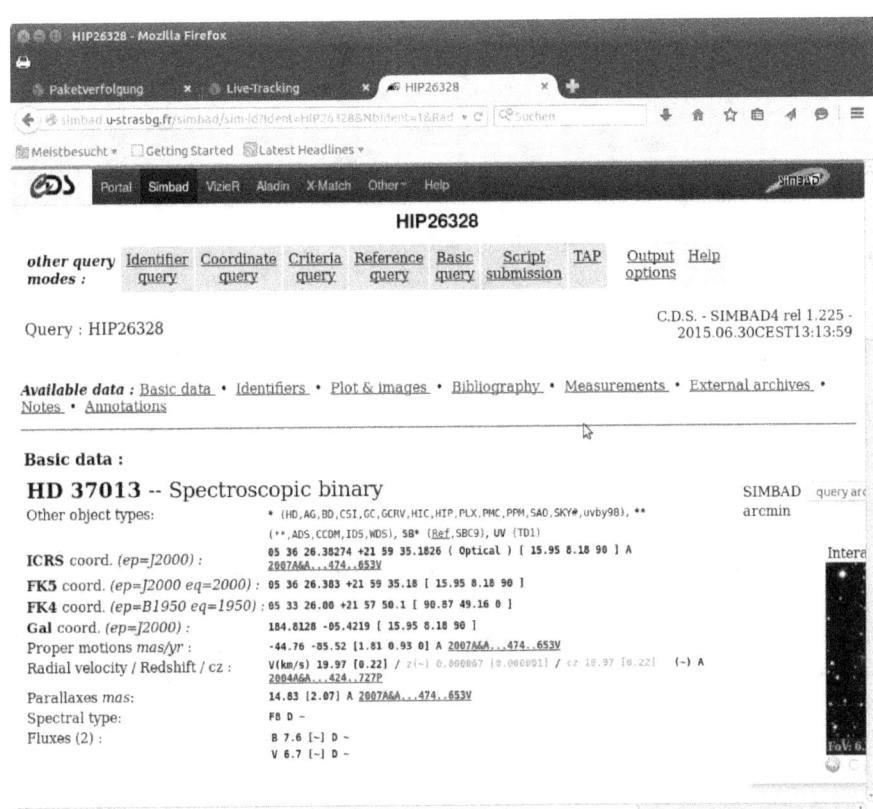

*Abbildung 20: Die Datenbank SIMBAD zeigt die verschiedenen Katalognummern desselben Sterns.*

Diese Katalognummer geben Sie in die GOTO-Steuerung ein und positionieren ihn so, dass M1 in Ihrem Sucherfeld liegen müsste. Das können Sie kontrollieren, in dem Sie in Stellarium die äquatoriale Ansicht einstellen und das CCD-Feld mit dem richtigen Teleskop aktivieren (Siehe Kapitel Einrichtung der Teleskope und Kameras mit Stellarium auf Seite 79). Die Ansicht auf dem Stellarium Bildschirm sollte nun ziemlich genau dem zu erhaltenden Bild der Kamera entsprechen, wenn die richtige CCD und Teleskop eingestellt wurden (Abb. 21). Das kontrollieren Sie mit einer Probeaufnahme bei voller Empfindlichkeit und 1-2min Belichtungszeit. Die Qualität des Bildes ist weniger entscheidend als

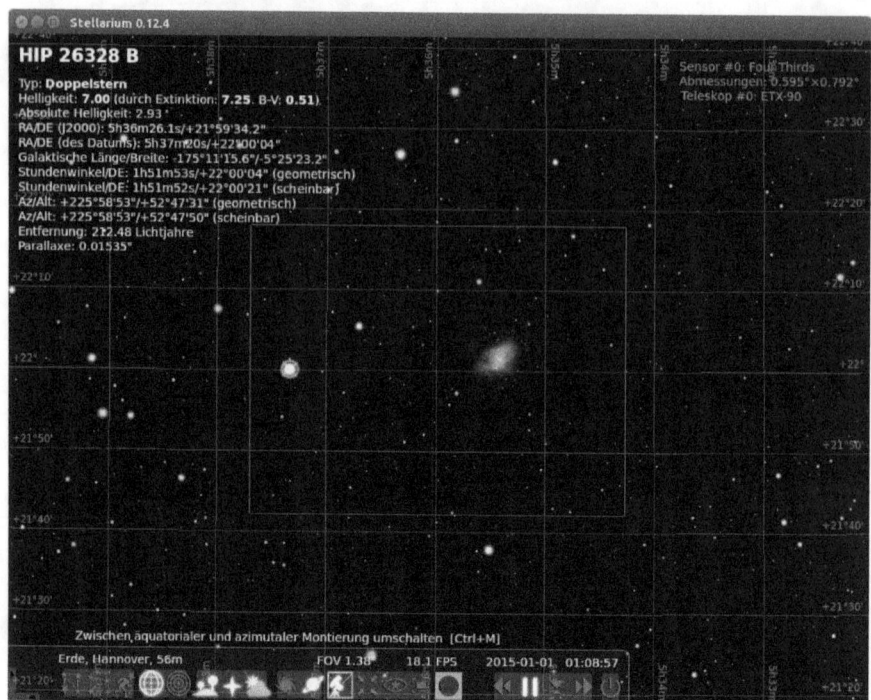

Abbildung 21: Stellarium mit äquatorialer Darstellung erlaubt eine Vorschau auf das Bild von M1 mit dem Visierstern HIP26328. Hier wurde eine Kamera mit FourThirds-Sensor (FT, MFT) und ETX90 Teleskop eingesetzt.

die Kürze der Belichtungszeit. Denn jetzt kommt es erst einmal darauf an, das Objekt (M1) im Bildfeld zu zentrieren. Danach schalten Sie zurück auf die Arbeitsempfindlichkeit (bei meinen Kameras ISO1600) und 10 Aufnahmen mit möglichst langer Belichtungszeit (ungeführt 2-4min, geführt bis zu 8min).
Entsprechend verfahren Sie bei allen schwachen Deep Sky Objekten:

1. Aufsuchen eines Visiersterns mit Stellarium in äquatorialer Darstellung.
2. Positionierung des Visiersterns in Stellarium mit eingeschalteter CCD-Einstellung.

3. Positionierung der GOTO-Montierung auf den Visierstern.
4. Probeaufnahmen und Zentrierung des Objekts bei maximaler Kameraempfindlichkeit.
5. Serienaufnahmen bei Arbeitsempfindlichkeit und maximaler Belichtungszeit.

Planeten sind im Regelfall so hell und eindeutig zu erkennen, dass man auf eine derartige Einstellungsprozedur verzichten kann.

## Der planetarische Nebel M57 (Ringnebel Lyra)

Diesen Nebel muss man fotografiert haben. Mit möglichst langer Brennweite, denn er ist relativ klein. Dafür aber recht hell und leicht aufzufinden, auch wenn kein heller Stern in unmittelbarer Nachbarschaft ist, den man zum Anvisieren verwenden kann. Am ehesten eignet sich der Stern Sheliak zum anvisieren, zumal er direkt über das Menü „Sterne mit Namen" der GOTO-Steuerung angesteuert werden kann.

## Kugelsternhaufen M13 (Herkuleshaufen)

Der hellste Kugelsternhaufen am Nordhimmel ist ein prächtiger Anblick. Er ist so hell, dass er direkt mit der GOTO-Steuerung angefahren werden kann und dann im elektronischen Sucher auffällt.

## Der große Orionnebel M42

An diesem Nebel können Sie sich abarbeiten und werden doch selten zufrieden sein. So hoch ist sein Helligkeitsumfang vom hellen Trapez im Inneren bis zu den schwachen Nebelfetzen am Rand des riesigen Nebelgebietes. Die Trapezsterne im Zentrum des Nebels sind hell und direkt im elektronischen Sucher sichtbar, so dass eine direkte Positionierung mit der GOTO-Steuerung den Nebel leicht in die Bildmitte führt. Am besten wird dieser Nebel mit einer nicht so langen Brennweite, etwa f=700mm, fotografiert, damit auch die schwachen Ausläufer und der Nachbarnebel, der „Running Man" noch mit erwischt wird.

## Die Strudelgalaxie M51

Eine atemberaubende Doppelgalaxie, in der zwei Galaxien miteinander wechselwirken. Der Stern HIP66004 (SAO44642) kann als Visierstern dienen.

Haben Sie diese Objekte zu Ihrer Zufriedenheit abgelichtet, sind Sie sicher in der Lage selbständig weitere Objekte zu finden, weshalb ich meine Ausführungen zum Thema meiner Lieblingsobjekte beende.

# OpenSource Software für Astrofotografie

Für die Astrofotografie braucht man 3 Arten von Software:
1. Software für die Vorbereitung der Beobachtungsnacht.
2. Software für die Ausführung während der Beobachtungsnacht
3. Software für die Auswertung der Bilder nach der Beobachtungsnacht.

Die erste Art der Software hilft bei der Auswahl der zu beobachtenden Objekte und der Ausrichtung der Montierung. Die Werkzeuge heißen Kstars und Stellarium.

Kstars ist eine plattformunabhängige Software zur Darstellung des Nachthimmels in Kartenform. Und das an jedem Ort der Erde zu jeder Zeit. In der Karte sind 100 Millionen Sterne, 13,000 Deep-Sky Objekte, alle 8 Planeten, Sonne und Mond, sowie Tausende von Kometen und Asteroiden eingezeichnet.

Stellarium hat ähnliche Eigenschaften, zeigt darüber hinaus aber den Himmel so wie man ihn sieht. Das bedeutet, in die Darstellung geht die Tageshelligkeit ebenso ein wie der Einfluss der Atmosphäre in der Dämmerung. Man kann sogar die Landschaft in die Umgebung einblenden, also z.B. die Sichtbeschränkung durch umgebende Bäume und Gebäude.

Die zweite Art von Software wird benötigt, um das Teleskop mit dem PC zu steuern und automatische Aufnahmen zu machen. Diese Software ist nicht unbedingt für Anfänger geeignet. Deshalb finden sich die entsprechenden Programme INDI und gphoto2 auch erst am Ende des Buches. Denn das Interesse an der Astrofotografie soll nicht gleich am Anfang durch Misserfolge bei der etwas komplizierten Installation der Software gedämpft werden. Es ist auch ohne diese Software möglich, hervorragende Aufnahmen zu machen. Letztlich also dient diese Art der Software einem gewissen Komfort. Sie wurde aus diesem Grunde auch in dem Buch bis zur Version 2.0 gar nicht beschrieben. Andererseits mag auch der Anfänger irgendwann einmal das Bedürfnis verspüren, etwas mehr Komfort in die Beobachtungsnacht zu bringen. Dann ist die Stunde gekommen, das Kapitel für fortgeschrittene Anwender zu lesen und die Software zu installieren und zu benutzen. Während aber die Software der 1. und 3. Art bis auf Fotoxx plattformunabhängig läuft, wird es bei der Software der 2. Kategorie spezifisch "UBUNTUisch".

Gelingen einem astronomische Fotos in der Beobachtungsnacht, dann sind die Fotos in der Regel nicht geeignet Begeisterungsstürme hervorzurufen. Sie bedürfen dringend der Aufarbeitung mit einer geeigneten Bildverarbeitungssoftware. Wir sind jetzt in der Softwarekategorie 3.
GIMP ist das Werkzeug der Wahl für diese Aufgabe. Zu dieser Kategorie gehört auch Fotoxx, welches aber erst nach erfolgreichem Einsatz von GIMP auf die Bildergebnisse losgelassen wird. RawTherapee ist ein weiteres Programm, welches sich insbesondere der Bilder im verlustfreien RAW-Format moderner DSLR und Systemkameras annimmt. Nach erfolgreicher Umwandlung des verlustfreien RAW-Bildes in ein verlustfreies TIFF-Bild oder verlustbehaftetes JPG-Bild kommt dann wieder GIMP und/oder Fotoxx zum Einsatz.

# Kstars

An dieser Stelle soll beschrieben werden, wie Kstars zur Vorbereitung der Beobachtungsnacht eingesetzt wird. Bevor Kstars allerdings eingesetzt werden kann, muss der Beobachtungsort festgelegt werden. Dies geschieht im Menü durch *„Einstellungen | Standort"*. Es öffnet sich ein Menü mit Ortsvorschlägen (Abbildung 22). Im einfachsten Fall den Ort in der Nähe wählen.

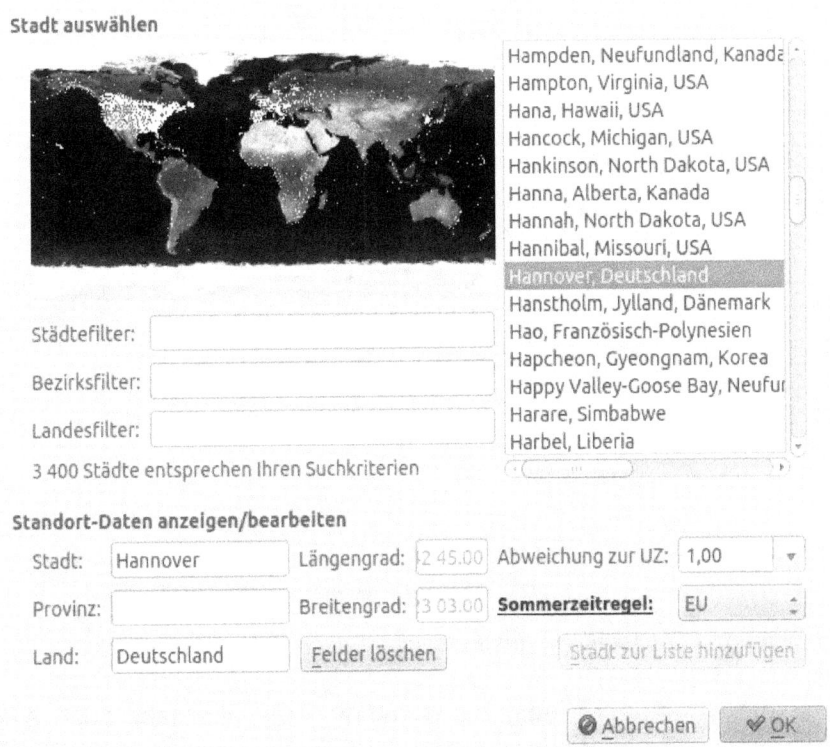

Abbildung 22: Das Standortauswahlfenster von Kstars.

Der erste Schritt zur Beobachtung ist die Aufstellung des Teleskops. Dazu muss die Montierung mit dem Polsucher ausgerichtet werden. Aber leider steht Polaris nicht still. Er dreht sich wie alle Sterne um den nahen Himmelspol. Kstars zeigt, wo sich Polaris zum angegebenen Zeitpunkt befindet (Abbildung 3). Dreht man den Polsucher um die Rektaszensionsachse bis die Markierung so steht, wie Kstars Polaris zeigt, dann ist die Montierung schon recht genau ausgerichtet. Allerdings ist zu beachten, dass der Polsucher ein einfaches Kepler-Fernrohr ist. Das bedeutet, dass die Ansicht seitenverkehrt ist. Wird der Polsucher wie in Abbildung 23 ausgerichtet, muss lediglich noch Polaris durch drehen von Azimut und Polhöhe in den Kreis gebracht werden.

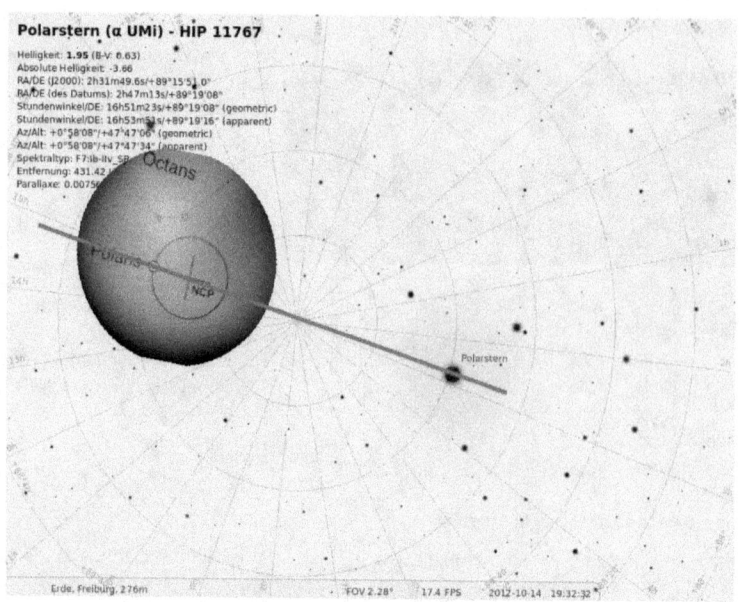

**Polarstern (α UMi) - HIP 11767**

Helligkeit: **1.95** (B-V: 0.63)
Absolute Helligkeit: -3.66
RA/DE (J2000): 2h31m49.6s/+89°15'51.0"
RA/DE (des Datums): 2h4m13s/+89°19'08"
Stundenwinkel/DE: 16h51m23s/+89°19'08" (geometric)
Stundenwinkel/DE: 16h53m53s/+89°19'16" (apparent)
Az/Alt: +0°58'08"/+47°47'06" (geometric)
Az/Alt: +0°58'08"/+47°47'34" (apparent)
Spektraltyp: F7:Ib-IIv: SB
Entfernung: 431.42 l
Paralaxe: 0.0075

Erde, Freiburg, 276m          FOV 2.28°    17.4 FPS    2012-10-14  19:32:32

*Abbildung 23: Ausrichtung des Polsuchers nach Kstars.*

Wer ein Smartphone sein Eigen nennt, kann alternativ auch eine Polarfinder App benutzen, welche die Punktspiegelung der Anzeige bereits durchführt und die Ansicht des Polsuchers so anzeigt, wie das Auge es beim Durchblick sieht.

Der nächste Schritte bei der Nutzung der GOTO-Montierung ist die Einstellung auf den Frühlingspunkt. Das geschieht bei den GOTO-Montierungen so, dass man aus einer Vorschlagliste einen hellen Stern auswählt, den man eindeutig am Himmel identifizieren kann. Stellarium ist hierfür besser geeignet, weil die fotorealistische Darstellung den Anfänger in der Auswahl des Referenzsterns besser unterstützt. Aber auch Kstars hilft, den geeigneten Referenzstern zu finden. Der wird dann in der GOTO-Steuerung ausgewählt. Das Teleskop muss dann mit Hilfe der GOTO-Steuerung so bewegt werden, dass er im Zentrum des Okulars zu sehen ist. Die so geeichte GOTO-Montierung kann dann jedes Objekt aus der Datenbank der GOTO-Montierung aussuchen. Welches Objekt allerdings am Ort zu dieser Zeit beobachtbar ist, zeigt Kstars in einem Dialog an, welcher durch „Extras | Was ist los heute Nacht" aktiviert wird (Abbildung 24).

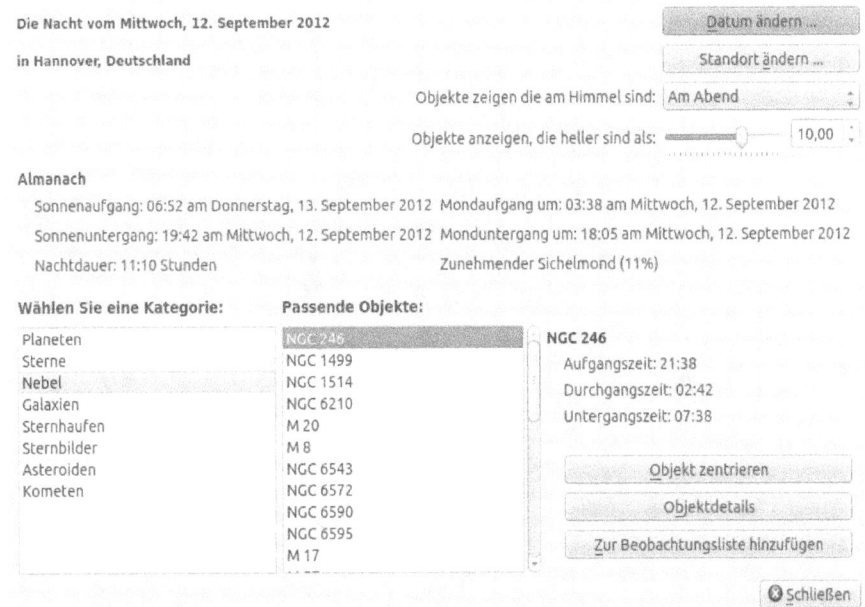

*Abbildung 24: Der Dialog zeigt die zum eingestellten Zeitpunkt am gewählten Ort sichtbaren Objekte an.*

Um den für die Eichung geeigneten Referenzstern zu finden, ist allerdings die einfache Himmelsansicht völlig ausreichend. Er hängt davon ab, in welcher Richtung man am Beobachtungsort freie Sicht hat (Abbildung 25).

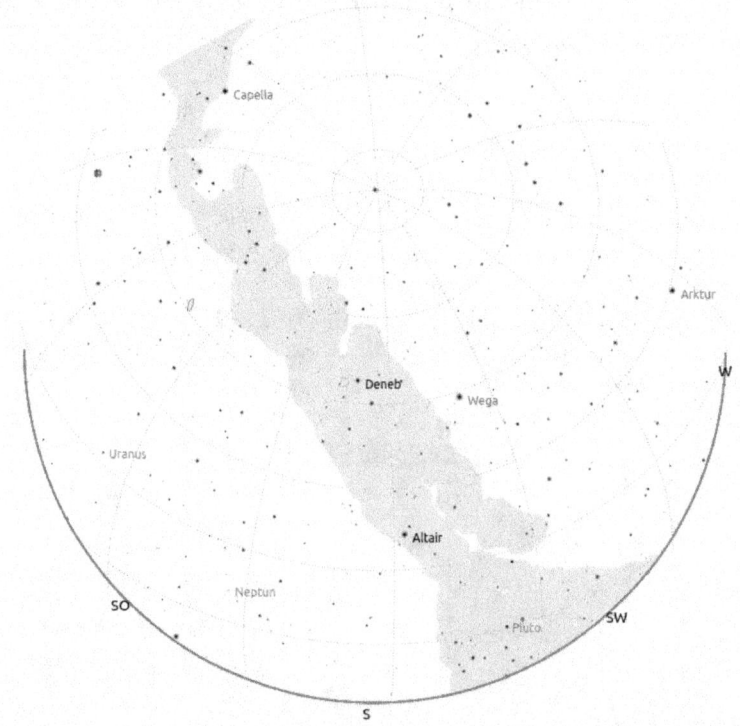

*Abbildung 25: In der Himmelsansicht können die hellsten Sterne als Referenz ausgewählt werden. (Negativdarstellung)*

Sind helle Sterne zu sehen, deren Name nicht angezeigt wird, dann kann man durch einen Klick mit der rechten Maustaste das Kontextmenü aktivieren und dort den Eintrag *„Marke hinzufügen"* auswählen.

In obigen Fall hätte ich den Altair als Referenzstern gewählt, weil er in freier Sichtrichtung nicht zu hoch am Südhimmel erscheint und klar als Mitglied des Sommerdreiecks „Altair-Deneb-Wega" auszumachen ist.

Wir sind nun zur ersten Beobachtung bereit. Im Kapitel „Die erste Beobachtungsnacht" beschreibe ich, wie wir mit Hilfe von Kstars unsere Nacht planen.

# Stellarium

Stellarium beeindruckt vor allem durch seine Ästhetik. Deshalb kommt Stellarium auch eher zur Dokumentation zum Einsatz. Aber auch bei der Auswahl von Referenzsternen zur Eichung der GOTO-Montierung ist die fotorealistische Darstellung des Himmels geeignet. Das wird an dieser Stelle beschrieben.

Am eindrucksvollsten ermöglicht Stellarium die Auswahl des Referenzsterns. Die entsprechende Himmelsansicht zeigt Abbildung 26. Der helle Stern am Südhimmel hat zwar keine Beschriftung, durch einen Mausklick wird er aber markiert (Kreis) und seine Daten werden in der linken oberen Ecke angezeigt.

**Altair (α Aql) - HIP 97649**

Helligkeit: **0.75** (B-V: 0.22)
Absolute Helligkeit: 2.19
RA/DE (J2000): 19h50m47.2s/+8°52'08.0"
RA/DE (des Datums): 19h51m24s/+8°54'07"
Stundenwinkel/DE: 2h01m21s/+8°54'07" (geometric)
Stundenwinkel/DE: 2h01m20s/+8°54'40" (apparent)
Az/Alt: +223°16'36"/+43°17'06" (geometric)
Az/Alt: +223°16'36"/+43°17'44" (apparent)
Spektraltyp: A7IV-V
Entfernung: 16.77 Lichtjahre
Parallaxe: 0.19444"

Vega

S                                                                    W

Erde, Freiburg, 276m            FOV 95.3°      58.7 FPS    2012-10-14  21:46:19

*Abbildung 26: Stellarium zeigt den fotorealistischen Nachthimmel. (Negativdarstellung)*

Der gewählte helle Stern wird nun als Referenzstern ausgewählt.

# GIMP

GIMP [4] kommt erst zum Einsatz, wenn die Ergebnisse der Beobachtungsnacht vorliegen. Dabei werden die folgenden Aufgaben mit GIMP erledigt:

- Die meisten Astrofotos sind stark mit Artefakten belegt, die es zu beseitigen gilt. Die wichtigste Aufgabe ist es, die Aufhellung des Nachthimmels in einer Stadt zu kompensieren.
- Die geringe Helligkeit erfordert die Kombination vieler unterbelichteter Aufnahmen zu einer gut Belichteten.
- Bei langen Belichtungszeiten „rauschen" die Bildsensoren. Dieses Bildrauschen zeigt sich in einer körnigen Struktur, die durch Weichzeichnen entfernt werden kann.
- Durch Veränderung der Helligkeitskennlinie können feine Details herausgearbeitet werden.

All dies bespreche ich ausführlich im Kapitel „Nach der Aufnahme ".

# Fotoxx

Fotoxx [16] ist eine Kombination aus Fotoarchiv und Bildbearbeitungssoftware. Für die Astronomie ist der Einsatz als Bildbearbeitungssoftware für Bildverbunde interessant. Dazu zählt alles, was unter GIMP bereits aufgezählt wurde. Fotoxx kann also nichts was GIMP nicht auch könnte. Aber insbesondere die Anfertigung von HDR (High Dynamic Range) Aufnahmen, die in der Astronomie die Regel sind, erledigt Fotoxx besonders einfach. Ebenso kann das Bildrauschen durch Stacken von 2-9 Bildern einfach reduziert werden. Ganz besonders einfach ist es, Bilder durch Stacken und übermalen zu kombinieren. Fotoxx kommt dabei meistens nach einer manuellen Ausrichtung und Addition in GIMP zur Anwendung, ist also so etwas wie der Feinschliff für von GIMP vorbereitete Aufnahmen. Es gilt auch für Fotoxx:

All dies bespreche ich ausführlich im Kapitel „Nach der Aufnahme ".

# RawTherapee

RawTherapee [23] ist eine OpenSource Software, welche die RAW-Bilder moderner DSLR und Systemkameras "entwickelt" und in ein übliches Digitalformat umwandelt. Sie haben vielleicht schon bemerkt, dass man der Digitalkamera mitteilen kann, in welcher Qualität die angefertigten Fotos auf dem Speicherchip abgelegt werden. Das dazu verwendete Dateiformat mit der Endung .jpg komprimiert die Bilddatei, welche vorher noch nach einem kamerainternen Algorithmus von Artefakten (Rauschen, Unschärfe,...) "befreit" wird. Insbesondere bei astronomischen Aufnahmen irren sich die Standardalgorithmen aber sehr. Da ist es gut, dass es pingelige Fotografen gibt, die sowieso nicht auf die Standardalgorithmen der Kamera vertrauen und lieber das Originalsensorbild selbst in die Hand nehmen um dann nach eigenem Geschmack Änderungen am Bild vorzunehmen, die dann in ein übliches Bildformat (JPG oder TIFF) umgewandelt und gespeichert wird. Wer sich in die Welt der RAW-Bilder hineindenken kann, wird deshalb die allerbesten Bilder aus den Sensordaten heraussaugen können. Allerdings nur mit viel Zeiteinsatz und viel Erfahrung und Gefühl für die Wirkung einzelner Regler im Programm. Wer bereit ist, diesen Zusatzaufwand zu treiben, dem hilft RawTherapee bei der Entwicklung von Digitalbildern aus Sensordaten.

All dies bespreche ich ausführlich im Kapitel „Fortgeschrittene Amateurtechniken ".

# ImageJ

Um es gleich vorweg zu nehmen: Für einfache Astrofotografie werden Sie ImageJ [43] nicht benötigen. Es ist ein JAVA-Programm und läuft damit auf allen Rechnerplattformen. Mit ihm ist eine detaillierte Bildanalyse möglich, wie sie in den Naturwissenschaften bei bildgebenden Analyseverfahren benötigt wird. Ich erwähne diese Software, weil sich mit ihr die Bildanalyse im δ Cephei Projekt (Kapitel Veränderliche Sterne beobachten auf Seite 46) realisieren lässt. Da die Arbeit an solch einem Projekt aber erhöhte Anforderungen an die naturwissenschaftliche Tiefe stellt und über die reine Ästhetik der Astrofotografie hinaus geht, belasse ich es an dieser Stelle bei dem reinen Hinweis.

# Die erste Beobachtungsnacht

Es ist soweit: Ausnahmsweise deutet sich am frühen Abend ein wolkenloser Himmel an. Schon jetzt sollte man sich einen Plan zurecht legen, welche Objekte man beobachten kann und will. Dazu benutzen wir Kstars Menüpunkt *„Extras | Was ist los heute Nacht"* (Abbildung 24). Oder direkt die Suchfunktion.

## Am Nachmittag bei Helligkeit mit Kstars

Man stellt zunächst die Uhrzeit ein, wann man die Beobachtung beginnen möchte. Dann hält man die Uhrzeit an. Dies geschieht durch die Menüpunkte *„Zeit | Zeit einstellen"* und *„Zeit | Uhr anhalten"*. Durch diese Maßnahme werden wir später sehen, ob sich das gewünschte Objekt in einem sichtbaren Bereich des Nachthimmels befindet. Im Regelfall wird man nicht auf einem Berg beobachten sondern aus dem eigenen Garten, der meist mit Bäumen und Gebäuden umringt ist. Da ist es gut schon vorher zu wissen, welche Objekte man in dieser Nacht gar nicht erst zu suchen braucht.

Damit man die Objekte sofort lokalisieren kann, blendet man am besten die Sichtfeldsymbole (STF) ein. Das geschieht im Menü *„Einstellungen | STF-Symbole"*. Ich wähle gerne 7x35 Feldstecher und Telrad. Beim nächsten Suchen nach einem Objekt kann man auch bei grober Übersicht erkennen wo sich das gesuchte Objekt befindet.

Für den Anfänger sind Sternhaufen am lohnendsten, gefolgt von Galaxien und Nebeln. Planeten stellen Anforderungen an die Brennweite des Teleskops. Unter einem Meter Brennweite ist nicht viel zu fotografieren. Zwei Meter Brennweite sind besser und ab drei

Meter stellen sich massive Fragen nach der Stabilität der Montierung. Deshalb arbeiten wir uns in der ersten Nacht langsam an die Schönheit des Sternhimmels heran und konzentrieren uns auf Sternhaufen, am besten Kugelsternhaufen. Sobald wir den ersten im Okular sehen, verstehen wir den Namen: Wie ein Schneeball aus Tausenden von Sonnen ist das Objekt klar von Sternen zu unterscheiden. Es folgt eine Liste der Kugelsternhaufen (Tabelle 4) aus der Messier Liste [1].

| Objekt | Helligkeit [mag] | Winkelausdehnung |
|--------|------------------|------------------|
| M2     | 6,3              | 16'              |
| M3     | 6,2              | 18'              |
| M5     | 6,65             | 23'              |
| M10    | 6,6              | 20'              |
| M13    | 5,8              | 20'              |
| M15    | 6,2              | 18'              |
| M22    | 5,5              | 32'              |
| M92    | 6,3              | 14'              |

Tabelle 4: Gut zu erkennende Kugelsternhaufen.

Zu den Daten in der Tabelle ist zu sagen, dass die Helligkeit in mag gemessen eine Helligkeitsangabe ist, bei der eine kleinere Zahl ein helleres Objekt bezeichnet. Die Winkelausdehnung ist ein Maß für die scheinbare Größe im Teleskop. Die Auswahl in Tabelle 4 beschränkt sich auf Kugelsternhaufen mit einer Helligkeit ab mag 7 oder kleiner (heller) und Winkelausdehnungen über 10'. Somit sind diese Objekte auch in kleineren Teleskopen gut zu erkennen.

Um zu testen, ob das Objekt heute in unserer Umgebung zu sehen ist, suchen wir es mit dem Menüeintrag *„Sichtrichtung | Objekt suchen"* oder einem Klick auf das kleine Fernrohrsymbol oben links in der Menüleiste. Dann geben wir den Namen eines Kugelsternhaufens ein. Entweder das Objekt ist sichtbar, dann fährt das STF-Symbol an die zugehörige Stelle der Karte und man kann abschätzen, ob das Objekt in der aktuellen Beobachtungsumgebung zu sehen sein wird. Oder das Objekt liegt unter dem Horizont. Dann warnt Kstars und man sucht besser ein anderes Objekt aus.

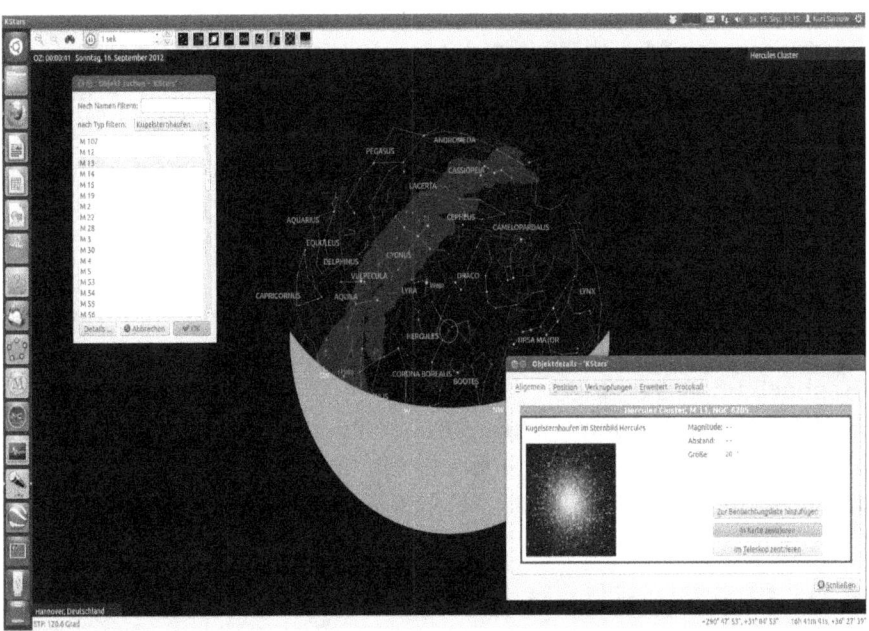

*Abbildung 27: Der Kugelsternhaufen M13 wird in der Karte zentriert. Die STF-Symbole zeigen die Lage an.*

In Abbildung 27 erkennt man, dass ich M13 aus der Liste der Kugelsternhaufen ausgewählt habe. Ein Klick auf den Knopf *„Details"* öffnet das unten rechts erkennbare Detailfenster mit einem Foto des Objekts. Der Klick auf den Knopf *„In Karte zentrieren"* bewegt die STF-Symbole (weißer Kreis für 7x35 Fernrohr und roter Kreis für Telrad-Sucher) auf die Stelle von M13. Wir sehen, dass sich M13 weit im Westen (WNW) befindet. An meinem Beobachtungsort im Garten würde ich mir selbst ins Schlafzimmer schauen. Also besser ein anderes Objekt suchen. M15 würde im Süden gut zu sehen sein. Also nehme ich M15 in die Beobachtungsliste auf, in dem wir auf den Knopf „Zur Beobachtungsliste hinzufügen" im Detailfenster klicken.

Wir wiederholen die Markierung für alle Objekte, die wir uns für diese Nacht vorgenommen haben. Noch vor dem Einbruch der Dunkelheit haben wir dann unsere Beobachtungsliste zusammen.

Damit wir etwas Arbeit sparen, werden wir alle Kugelsternhaufen aus Tabelle 4 einfach in die Beobachtungsliste ablegen. Dann mit einem rechten Mausklick auf das gewünschte Objekt dieses in der Karte zentrieren. Das Objekt rutscht ins Zentrum der Karte und wir können entscheiden, ob wir das Objekt beobachten können oder wollen. Noch bequemer geht das mit dem Einrichtungsassistenten. Diesen erreicht man bei aktivierter Beobachtungsliste (Extras | Beobachtungsliste) durch Anklicken des Knopfes mit dem Zauberstab. Unter Ubuntu 12.04 LTS und Kstars 2.0.0 fehlen bei den Kugelsternhaufen aber die Helligkeiten. Deshalb kann man mit dem Assistenten nur alle oder keine Kugelsternhaufen in die Beobachtungsliste laden.

Später kann man dann in die Beobachtungsliste eintragen, welche Besonderheiten bei der Beobachtung zu beachten waren (wenn man das möchte).

# Am Nachmittag bei Helligkeit mit Stellarium

Nun dasselbe Szenarium mit Stellarium. Durch einen Druck der Taste „7" bringen wir die Uhr zum Stillstand. Dann geben wir im Zeiteinstellfenster (F5) Datum und Uhrzeit ein. Das Datum dürfte ja noch stimmen, aber die Uhrzeit muss für die Nacht vorgewählt werden.

Zunächst überprüfen wir auch mit Stellarium die Lage von Polaris zu diesem Zeitpunkt. Mit der Taste E schalten wir das äquatoriale

Koordinatengitter ein, in welchem der Himmelsnordpol nahe Polaris zu sehen ist. Dann mit F3 den Polarstern suchen und zentrieren. Wir erhalten die Lage von Polaris (Abbildung 28) und können wie bei Kstars beschrieben den Polsucher bedienen.

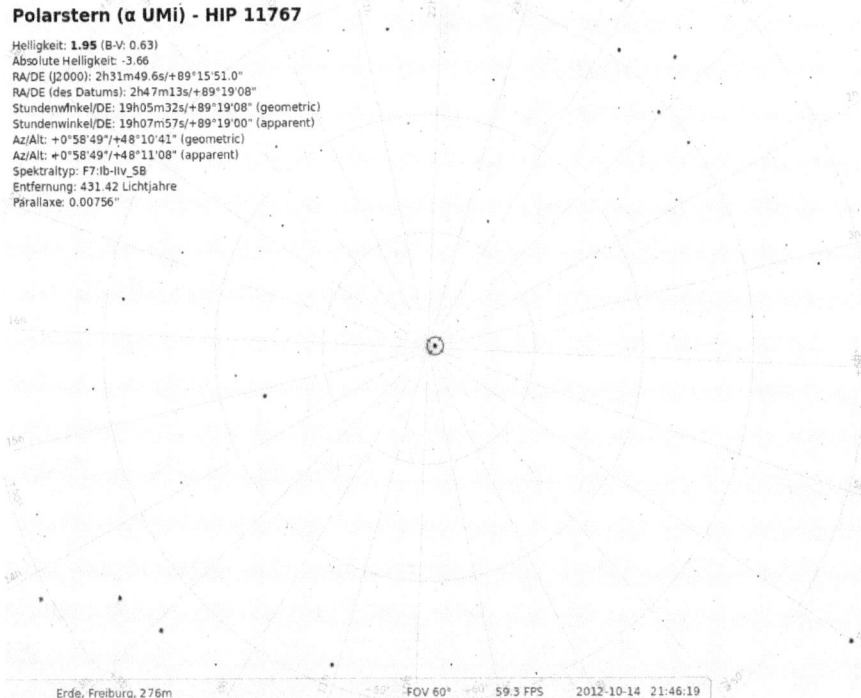

**Polarstern (α UMi) - HIP 11767**

Helligkeit: **1.95** (B-V: 0.63)
Absolute Helligkeit: -3.66
RA/DE (J2000): 2h31m49.6s/+89°15'51.0"
RA/DE (des Datums): 2h47m13s/+89°19'08"
Stundenwinkel/DE: 19h05m32s/+89°19'08" (geometric)
Stundenwinkel/DE: 19h07m57s/+89°19'00" (apparent)
Az/Alt: +0°58'49"/+48°10'41" (geometric)
Az/Alt: +0°58'49"/+48°11'08" (apparent)
Spektraltyp: F7:Ib-IIv_SB
Entfernung: 431.42 Lichtjahre
Parallaxe: 0.00756"

Erde, Freiburg, 276m          FOV 60°     59.3 FPS     2012-10-14 21:46:19

*Abbildung 28: Die Lage von Polaris ergibt sich im äquatorialen Koordinatengitter (Negativdarstellung).*

Mit der Taste F3 aktivieren wir das Suchfenster und gehen die Liste der Kugelsternhaufen aus Tabelle 4 durch um die Sichtbarkeit zu prüfen.

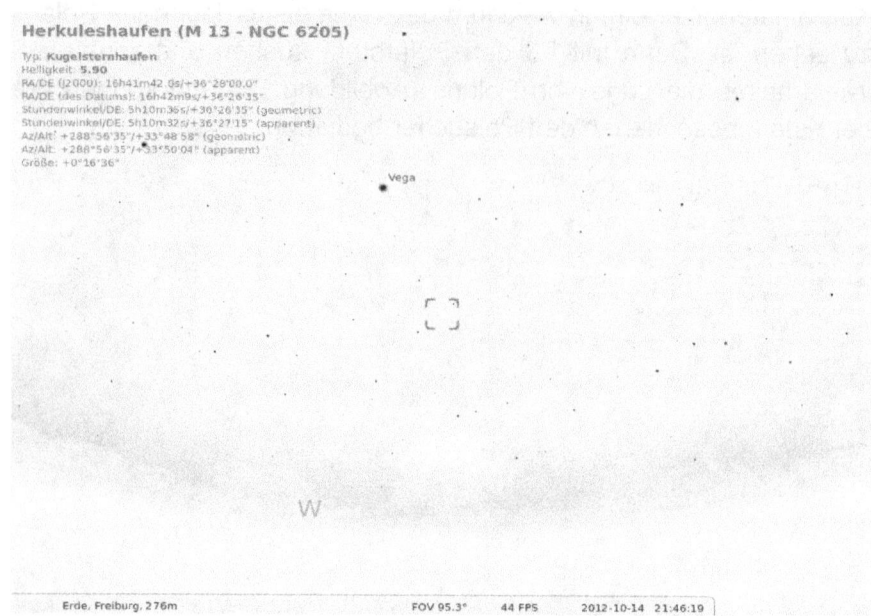

Abbildung 29: Der Kugelsternhaufen M13 steht gut sichtbar im Westen
(Negativdarstellung).

Am 18.9.2012 um 21:19 Uhr sieht man den Kugelsternhaufen M13
gut sichtbar im Westen hoch über dem Horizont stehen (Abbildung
29). Also setzen wir ihn auf die Beobachtungsliste. So verfahren wir
mit allen Objekten, die uns beachtenswert erscheinen.
Stellarium bietet uns den Vorteil, dass bei entsprechendem
Vergrößern eines Objekts ein realistisches Bild des Objekts
erscheint. Man kann sogar den Anblick durch ein bestimmtes
Teleskop bestückt mit einem bestimmten Okular simulieren. Mit der
Tastenkombination Ctrl-O schaltet man das Okularbild ein und aus.
In Abbildung 30 etwa, sieht man M13 durch ein 40mm Okular in
einem ETX90 Teleskop.

## Herkuleshaufen (M 13 - NGC 6205)

Typ: **Kugelsternhaufen**
Helligkeit: **5.90**
RA/DE (J2000): 16h41m42.0s/+36°28'00.0"
RA/DE (des Datums): 16h42m9s/+36°26'35"
Stundenwinkel/DE: 5h10m36s/+36°26'35" (geometric)
Stundenwinkel/DE: 5h10m32s/+36°27'15" (apparent)
Az/Alt: +288°56'35"/+33°48'58" (geometric)
Az/Alt: +288°56'35"/+33°50'04" (apparent)
Größe: +0°16'36"

Ocular #0 : Ocular 0
Ocular FL: 40mm
Ocular aFOV: 43°
Telescope #0 : ETX 90
Magnification: 31.2x
FOV: 1.3759°

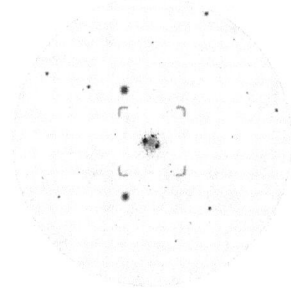

Erde, Freiburg, 276m          FOV 3.2°      60 FPS      2012-10-14  21:46:19

*Abbildung 30: Der Kugelsternhaufen M13 wie er in einem ETX90 Teleskop mit 40mm Okular erscheint. Man beachte den geringen Bildwinkel (aFOV) des Okulars. (Negativdarstellung).*

Es versteht sich, dass man sowohl das Okular als auch das Teleskop auf seine eigenen Geräte einstellen kann. Somit sieht man bereits genau, was einem bei visueller Beobachtung des Objekts erwartet. Genau so kann man aber auch den Bildsensor einer Kamera wählen und sehen, wie flächendeckend das Objekt auf dem Chip erscheint. Dies geschieht mit der Tastenkombination Strg-O. Auch hier kann man seine Kameradaten eingeben (Abbildung 31).

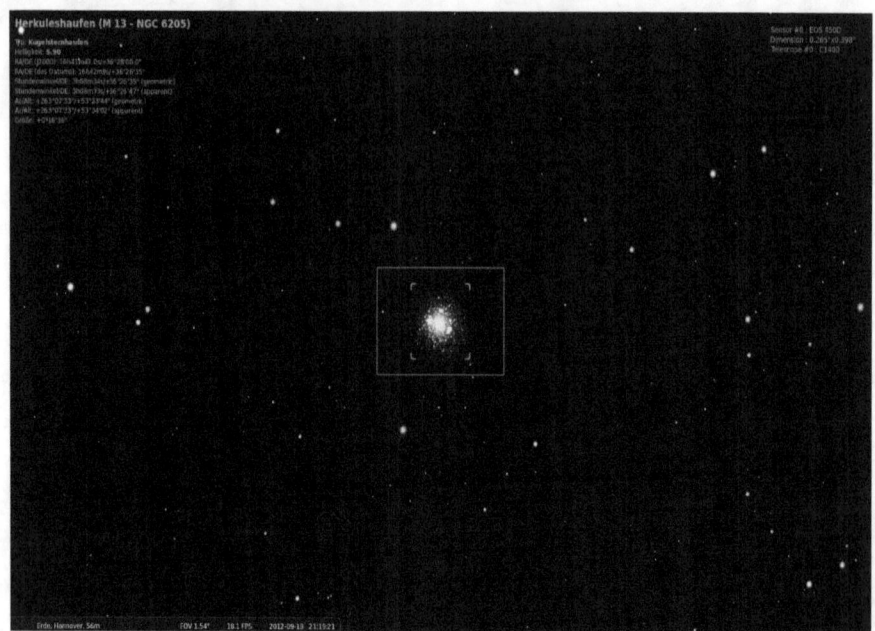

*Abbildung 31: Der Kugelsternhaufen auf dem Bildsensor der EOS 450D Kamera an einem C1400 Teleskop.*

Besitzt man mehrere Kameras oder Teleskope, kann man also bereits vor Beginn der Beobachtung und Aufnahme die Wirkung sehen und das geeignete Teleskop, Kamera oder Okular wählen. Natürlich geht das auch mit ein wenig optischem Sachverstand, siehe Kapitel Bildwinkel (Field of view: FOV) auf Seite 218 aber mit Stellarium geht's ohne Rechnung und zudem sehr anschaulich. Wie das geht folgt hier.

# Einrichtung der Teleskope und Kameras mit Stellarium

## Okulare und Kameras

Aufruf des Konfigurationsmenüs (F2)

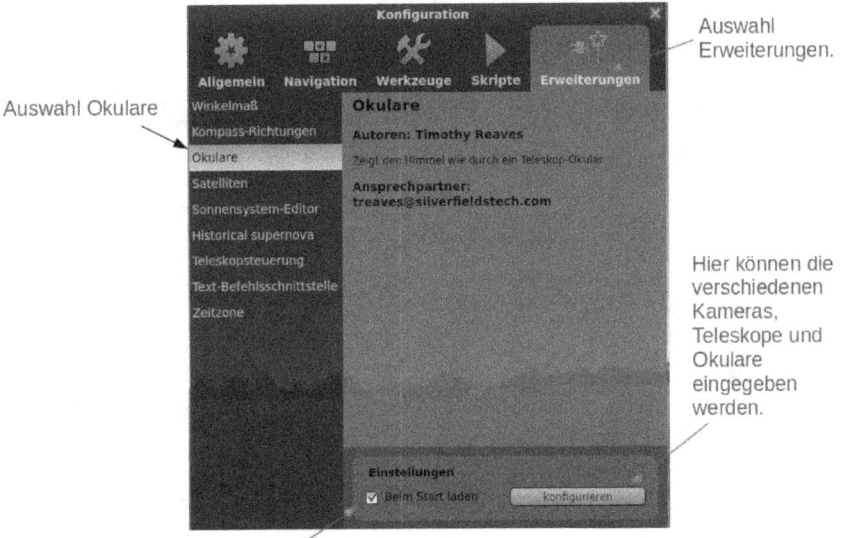

Auswahl Erweiterungen.

Auswahl Okulare

Hier können die verschiedenen Kameras, Teleskope und Okulare eingegeben werden.

Das Okularmenü gleich beim Start laden.

*Abbildung 32: Die Einrichtung der Okulare, Kameras und Teleskope erfolgt im Konfigurationsmenü, welches mit F2 aufgerufen wird.*

Um die richtige Brennweite für das zu fotografierende Objekt zu finden, ist es nützlich sich das Objekt vor der Aufnahme in Stellarium bereits so anzusehen, wie es später auf dem Bildsensor erscheint. Zu diesem Zweck bietet Stellarium im Konfigurationsmenü im Abschnitt „Erweiterungen" die Möglichkeit Okulare, Kameras und Teleskope einzugeben (Abbildung 32).

Nach drücken der F2-Taste wird das Konfigurationsmenü dargestellt und man wählt im Abschnitt „Erweiterungen" die Einstellung „Okulare". Auf jeden Fall sollte man das Werkzeug beim Start laden lassen und deshalb den entsprechenden Knopf aktivieren (Abbildung 32).

Anschließend gelangt man über die Taste „konfigurieren" zum Konfigurationsmenü für Okulare, Kameras und Teleskope (Abbildung 33).

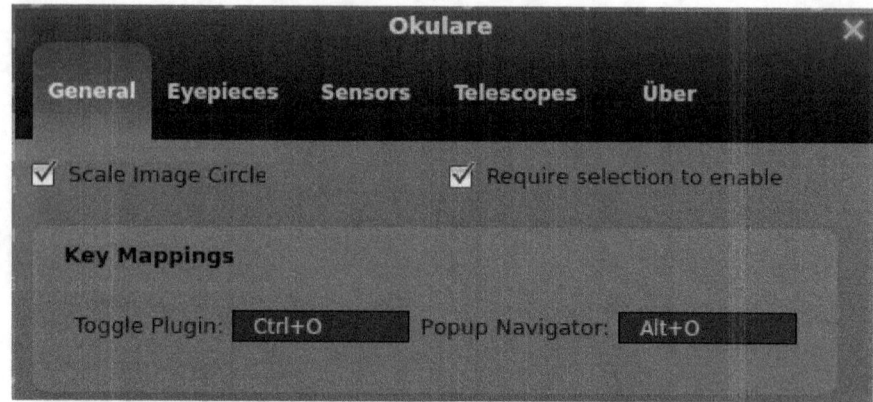

*Abbildung 33: Das Menü zum Einrichten der Okulare, Kameras und Teleskope. Der allgemeine Teil wird nicht verändert.*

Der allgemeine Teil (General) wird nicht verändert. Ein Klick auf den Reiter „Eyepieces" führt uns zum Einrichtungsmenü für Okulare (Abbildung 34).

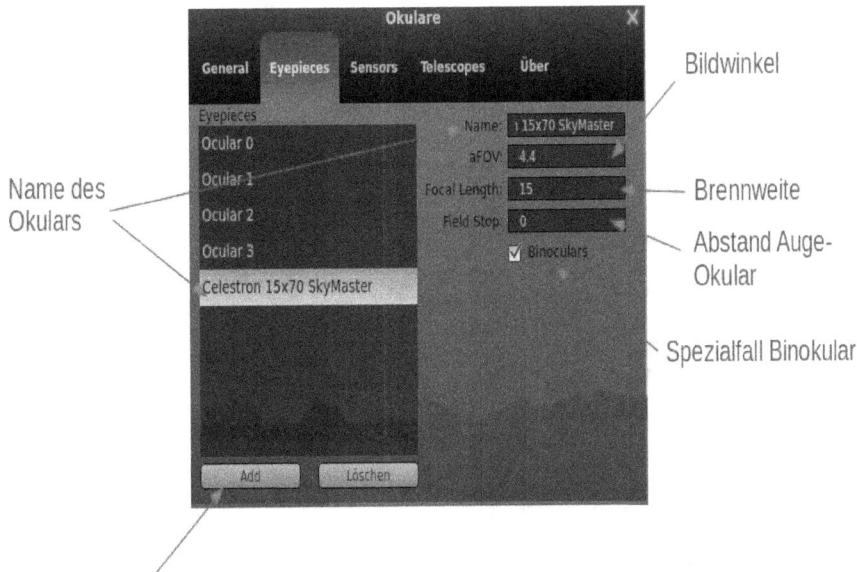

Klick auf „Add" stellt ein neues Okular bereit.

*Abbildung 34: Die Eingabe von Okulardaten erfolgt nach dem Klick auf "Add". Dann werden die Daten eingetragen.*

Abbildung 34 zeigt die bereits eingetragenen Okulare. Eigene Okulare werden eingetragen, in dem man zunächst auf den Knopf „Add" drückt und dann die Daten in die Felder rechts oben einfügt.

Das Feld „aFOV" wird später auf dem Bildschirm die Okularansicht auf diesen Bildwinkel begrenzen. Damit ist Stellarium in der Lage, die Wirkung eines Weitwinkelokulars von einem Normalokular gleicher Brennweite zu unterscheiden.

Das Feld „Focal length" bestimmt zusammen mit dem eingestellten Teleskop die visuelle Gesamtvergrößerung (Siehe Kapitel „Vergrößerungen" auf Seite 205). Auf diese wird das FOV des Programms eingestellt. Damit ergibt sich auf dem Bildschirm der gleiche Bildeindruck wie beim Blick durch das Okular mit dem gewählten Teleskop. Man beachte, das bei Aktivierung der Okularansicht mit CTRL-O (Kreis in der Mitte des unteren Bildrandes) das gewählte Teleskop mit angezeigt wird.

Im nächsten Schritt richten wir die Kameras ein, mit denen wir fotografieren. Diese sind als Sensoren im Konfigurationsmenü bezeichnet (Abbildung 35).

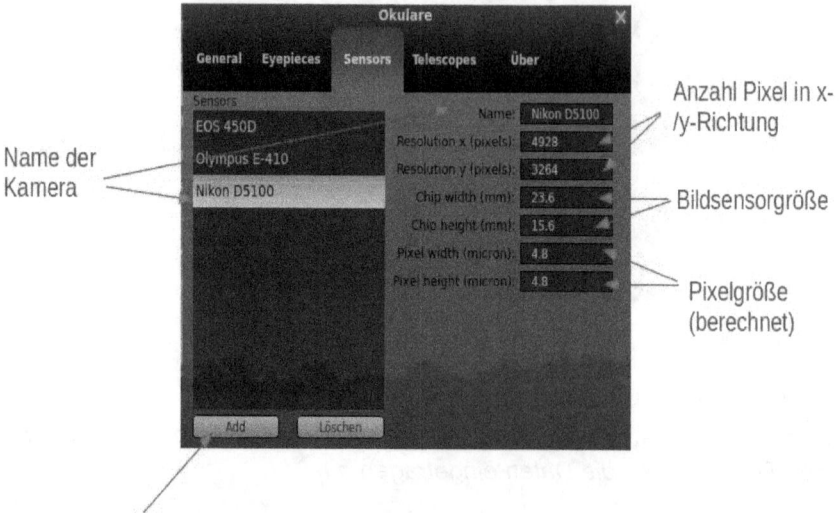

Abbildung 35: Die Einrichtung einer Kamera beginnt mit "Add". Die Daten werden rechts oben eingetragen. Bis auf die Pixelgröße werden alle Daten dem Kamerahandbuch entnommen. Die Pixelgröße wird berechnet.

Vorgegeben ist bereits die Kamera Canon EOS 450D. Andere Kameras werden mit „Add" hinzugefügt. Die Daten auf der rechten Seite werden dem Kamerahandbuch entnommen (Abbildung 35).

Lediglich die Pixelgröße wird nach der folgenden Gleichung berechnet:

$$p_{x/y} = \frac{c_{x/y}}{n_{x/y}}$$

Hierin sind:

- $p_{x/y}$ die x- bzw. y-Pixelgröße

- $c_{x/y}$ die Größe des Bildsensors in x- bzw. y-Richtung
- $n_{x/y}$ die entsprechende Pixelzahl in x- bzw. y-Richtung.

Zum Schluss erfolgt noch die Eingabe der Teleskopdaten (Abbildung 36).

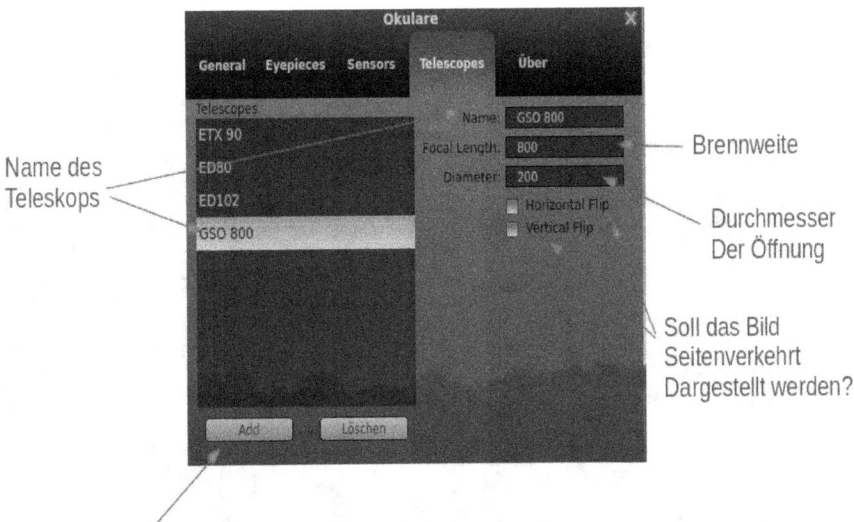

Abbildung 36: Nach dem Klick auf "Add" werden die Teleskopdaten rechts eingegeben.

Je nach Anspruch kann man Stellarium beauftragen die Ansicht tatsächlich seitenverkehrt oder teilweise seitenverkehrt einzugeben. Man beachte, dass bei einem Newton Spiegel das Bild an dem Sekundärspiegel „geflippt" wird. Im Regelfall interessiert das den Anfänger nicht so sehr.

Sind die Einstellungen vorgenommen, wird das Konfigurationsfenster einfach geschlossen. Die Konfiguration wurde gespeichert und kann durch die Tastenkombination STRG-O aktiviert werden. Hierzu muss aber zunächst ein Objekt gewählt werden. In Abbildung 37 ist der Kugelhaufen M22 gewählt worden und dann mit STRG-O das Okular eingeschaltet worden. Mit Hilfe der Tastenkombination ALT-O kann nun das Okular und/oder das Teleskop neu gewählt werden. Nochmaliger Druck der Tastenkombination STRG-O schaltet die Okularansicht wieder aus.

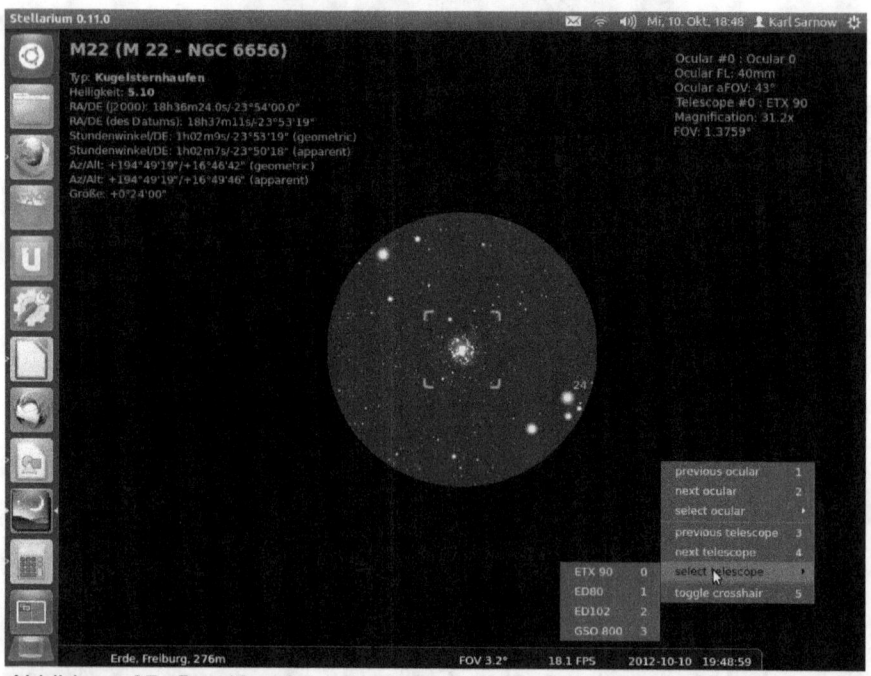

*Abbildung 37: Der Kugelsternhaufen M22 wird mit dem ETX 90 Teleskop und einem Okular der Brennweite 40mm betrachtet. Mit ALT-O kann das Teleskop oder Okular neu gewählt werden.*

Will man dagegen die Kameraansicht, also das Bild auf dem Bildsensor, bewerten, dann muss vor dem Aufruf der Okularansicht mit ALT-O die Kameraansicht aktiviert werden (Abbildung 38).

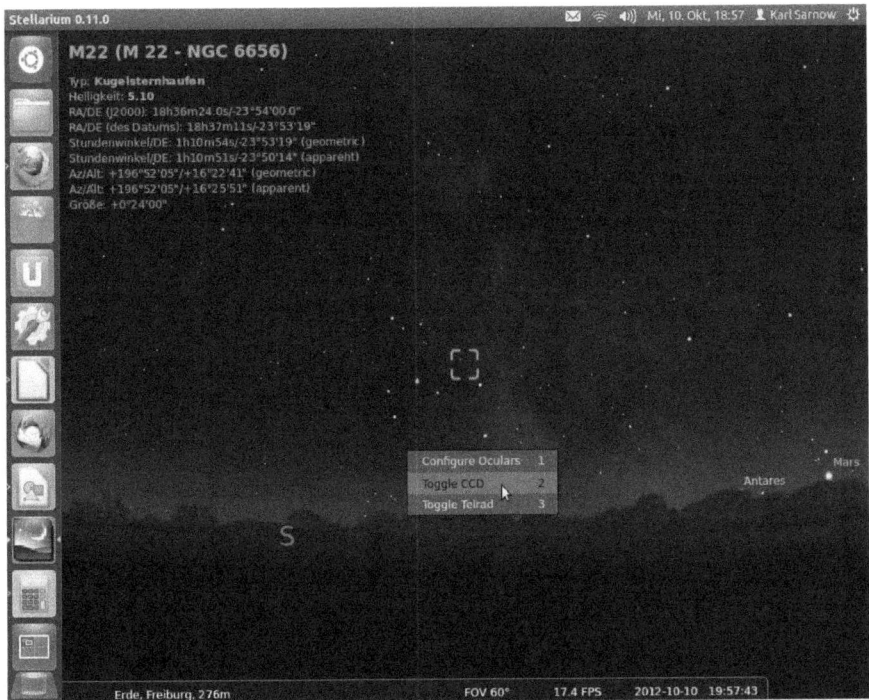

*Abbildung 38: Mit der Tastenkombination ALT-O wird die Kameraansicht eingeschaltet.*

Es wird der erste Eintrag in der Kameraliste gewählt und in der Bildschirmdarstellung angezeigt. Anschließend kann man erneut durch die Tastenkombination ALT-O die gewünschte Kamera auswählen (Abbildung 39). In diesem Fall war zunächst die Kamera Canon EOS 450D eingestellt mit dem Teleskop ETX 90. Die Auswahl der neuen Kamera ist auf die Olympus E410 vorgewählt.

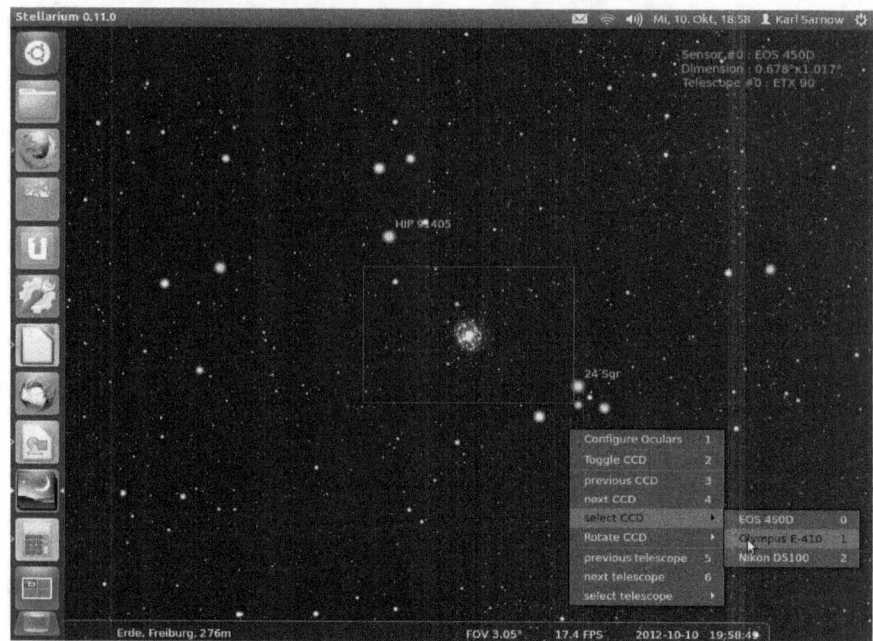

*Abbildung 39: Es wurde die Kameradarstellung eingeschaltet. Mit ALT-O kann nun die gewünschte Kamera und/oder Teleskop gewählt werden.*

# Anfertigung der Aufnahmen

Die Liste der zu fotografierenden Aufnahmen ist angefertigt, der Himmel ist wolkenlos und die Nacht ist sternenklar. Die Montierung ist ausgerichtet, auf der Montierung befindet sich das Teleskop mit der Kamera. Die GOTO-Steuerung ist eingeschaltet, der Referenzstern ist gefunden. Die Kamera ist auf manuellen Modus geschaltet, die höchste Empfindlichkeitsstufe ist eingeschaltet und die Belichtungszeit ist auf den höchsten Wert unterhalb von B eingestellt. Im Live-View Modus wird am Referenzstern der Fokus eingestellt und fixiert.

Die Montierung schwenkt zum ersten Objekt. Los geht's mit den Aufnahmen. Wenn man in Stadtnähe fotografiert, wird das Bild einen sehr hellen Hintergrund besitzen. Unser eigentliches Objekt ist nur schwer zu erkennen. Keine Panik, das zu ändern haben wir ja den GIMP. Trotzdem sollte das Objekt in der Bildmitte zu erkennen sein, wenn auch nur schwach. Vorsichtig kann man versuchen das Objekt mit Hilfe der Pfeiltasten der GOTO-Steuerung in die Mitte zu bugsieren. Dann wird jedes Objekt möglichst mit einem drahtlosen Fernauslöser oder unter Benutzung des Selbstauslösers mindestens 10-mal fotografiert. Bei Bedarf auch häufiger.

Nachdem wir ein Objekt fotografiert haben schwenken wir aber nicht sofort zum nächsten Objekt sondern suchen uns einen Referenzstern in der Nähe des Objekts. Der wird wieder zentriert. Dann erst schwenken wir zum Objekt. Der Grund dafür liegt in der meist nicht so guten Justierung, so dass das Objekt bei Schwenkvorgängen über größere Entfernungen eine zu große Abweichung zeigt und ggf. sogar außerhalb des Sichtbereichs des Bildsensors liegt.

Nachdem alle Objekte „abgearbeitet" wurden, beenden wir mit vollem Speicherchip die Nachtarbeit und begeben uns ins Bett.

# Nach der Aufnahme

Nun beginnt die Stunde (oder besser die Woche) der Nacharbeitung. Diese erfolgt in verschiedenen Stufen.

## Speichern der Bilder auf der Festplatte

1. **Abspeichern der verschiedenen Objekte in jeweiligen Ordnern.** Ich verwende den Ordner ~/Bilder/Astronomie für alle Astroaufnahmen. Darin erhält jedes Objekt einen eigenen Ordner. In diesem Ordner wird für jede Beobachtungsnacht ein Unterordner erstellt. Da hinein gehen die Bilder des Objekts der jeweiligen Beobachtungsnacht. Alle Fotos, die am 18.9.2012 vom Kugelsternhaufen M13 gemacht wurden finden sich dann im

Ordner ~/Bilder/Astronomie/M13/18.9.2012. Für jedes Objekt legen wir einen eigenen Ordner mit dem zugehörigen Datumsordner an.

# Bearbeitung der einzelnen Bilder mit GIMP

2. **Subtraktion des Hintergrundes.** Jedes einzelne Bild wird in GIMP geladen. Anschließend wird mit der Pipette an einem Punkt des Bildhintergrundes, der nicht Teil des Objekts ist, die Vordergrundfarbe eingestellt.

3. **Subtraktion der Vordergrundfarbe.** Mit dieser Vordergrundfarbe wird eine neue Bildebene erzeugt. Der Modus der Bildebene wird auf „Subtraktion" gestellt. Das Bild erscheint nun ohne Hintergrund. Zum Abschluss wird die Stärke der Subtraktion von 100(%) auf 90(%) herabgesetzt, damit die Subtraktion nicht zu hart wirkt. Das ist aber Geschmackssache.

4. **Speichern des Bildes als Zwischenergebnis.** Die Originalbezeichnung des Bildes wurde entsprechend der Kameranorm durchgeführt und heißt z.B. DSC_XYZ.jpg, wobei XYZ Ziffern darstellen. Das bearbeitete Bild wird nun mit dem Namen des Objekts bezeichnet, also z.B. M13_XYZ.jpg. Dann ist klar, dass dieses Zwischenbild vom Bild DSC_XYZ.jpg abstammt.

5. **Wiederholung der Schritte 2.-3. für alle Aufnahmen des Objekts.** Am Ende haben wir genau so viele Zwischenbilder wie Originalbilder. Die Abbildungen 26-30 zeigen die Schritte am Beispiel des Andromedanebels M31, aufgenommen mit einer Nikon D5100 eingestellt auf ISO6400 an meinem Astrophysics Refraktor auf der HEQ5 Montierung mit 30s Belichtung ohne Autoguiding.

# Aufsummieren der einzelnen Bilder zum Gesamtbild

6. **Laden des mittleren Zwischenbildes.** Zwischen dem ersten und dem letzten Bild sind ein paar Minuten vergangen. Wenn die Montierung nicht 100%-ig ausgerichtet war (und das ist sie eigentlich nie), dann ist das Objekt in der Zwischenzeit etwas gewandert. Deshalb wählen wir das mittlere Zwischenergebnis als Basisbild aus. Die Ansicht wird auf 100% (1:1) gestellt, damit pixelgenau gearbeitet wird.

7. **Öffnen eines anderen Bildes desselben Objekts *„als neue Ebene".*** Der Hintergrund bleibt erhalten, das neue Bild wird als neue Ebene hinzugeladen. Im GIMP Bild sind nun zwei Ebenen vorhanden, wobei die neu hinzugeladene Ebene den Hintergrund überdeckt.

8. **Transparenz der neuen Ebene auf 50% setzen.** Damit erscheint das alte Bild gleich hell wie das neue Bild und man erkennt, dass das Bild gewandert ist.

9. **Auswahl des Verschiebewerkzeugs und Verschieben der neuen Ebene.** Damit werden die beiden Ebenen zur Deckung gebracht. Wichtig ist, dass bei der Verschiebung der Hintergrund (das zuerst geladene Bild) nicht verschoben wird. Damit man besser erkennt wie gut die Ebenenjustierung durchgeführt wurde, empfiehlt sich, die Darstellung auf 100% (Zoom) einzustellen, um pixelgenau zu justieren.

10. **Ausblenden der neuen Ebene.** Damit bereiten wir die Wiederholung der Schritte 6.-10. vor.

11. **Änderung des Ebenenmodus auf *„Addition".*** Die justiert Ebene wird später zu allen anderen Ebenen addiert. Damit werden schwach belichtete Aufnahmen besser belichtet. Man summiert die Belichtungszeiten der einzelnen Bilder auf. Gleichzeitig wird das Bild entrauscht, weil die Überlagerung wie eine Mittelwertbildung wirkt.

12. **Wiederholung der Schritte 6.-10. für alle Bilder desselben Objekts.** Am Ende des Vorgangs haben wir mindestens 10 zueinander justierte Ebenen, eine für jedes Zwischenbild des Objekts. Sichtbar sind aber immer nur die Hintergrundebene und die neue eingefügte Ebene. Alle anderen Ebenen bleiben ausgeblendet. Das erhöht die Bearbeitungsgeschwindigkeit.

13. **Speichern des Zwischenbildes im GIMP-Format.** Das so erhaltene Schichtbild wird im GIMP-Format, erkennbar an der Endung *.xcf abgespeichert. Also z.B. als ~/Bilder/Astronomie/M13/18.9.2012/M13.xcf. In diesem Format gehen keine Informationen verloren. Entsprechend groß ist der Speicherbedarf des Bildes. 30MB sind durchaus nichts Ungewöhnliches. Damit haben wir aber unsere bisherige Arbeit erst einmal gesichert. Es folgt die Feinabstimmung.

14. **Einschalten aller Ebenen.** Nun werden alle Ebenen sichtbar gemacht. GIMP wird jetzt sehr zäh, denn es müssen jetzt die ganzen 30MB bearbeitet werden. Mit jeder hinzukommenden Ebene wird das Bild heller. Helle Sterne erscheinen rasch überstrahlt. Deshalb folgt der nächste Arbeitsschritt.

15. **Justierung des Deckungsgrades der Ebenen.** Im Klartext heisst das: Je kleiner der Deckungsgrad ist, desto geringer ist der Anteil dieser Ebene an der Summe. Wird die Deckung auf 100 eingestellt, gehen die Pixelwerte mit 100% in die Summenbildung. Eine Ebenendeckung von 50% bedeutet, dass die Pixelwerte der Ebene mit dem Faktor 0,5 multipliziert werden, bevor sie zur Summenbildung herangezogen werden. Die Deckung wird deshalb so lange reduziert, bis das Objekt nicht überstrahlt erkennbar ist. Gleichzeitig kann man Ebenen, die qualitativ nicht so hochwertige Ergebnisse enthalten (z.B. Verwacklungen, Flugzeuge oder ähnliche Störungen) mit geringerer Deckung versehen und damit zur Verbesserung des Bildes beitragen. Eine vollständige Entfernung aus der Summenbildung (durch

Ausschalten der Sichtbarkeit oder Deckung auf 0 setzen) würde den unangenehmen Nebeneffekt haben, dass auch das Rauschen im Hintergrund des Bildes nicht positiv beeinflußt wird. Hier wird man nach persönlichem Geschmack abwägen müssen.

Weiterhin empfiehlt es sich auch den Hintergrund nicht mit 100% eingehen zu lassen, da er schliesslich nicht mehr Informationen enthält als die anderen Ebenen. Setzt man aber dessen Deckung herab, wird das Bild insgesamt transparent. Als Abhilfe fügt man eine schwarze Ebene neu hinzu und bewegt diese ganz nach unten (unter den „Hintergrund").

16. **Speichern des fein abgestimmten Bildes.** Je nach Geschmack unter neuem Namen oder einfach so, in jedem Fall wieder im GIMP-Format *.xcf, damit keine Information verloren geht.

17. **Speichern des fein abgestimmten Bildes als JPG.** Das xcf-Format kann nur von GIMP gelesen werden. Um das Bild mit den üblichen Bildbetrachtern ansehen zu können, muß es letztlich noch als JPG-Datei abgespeichert werden. Dies ist dann das Bild welches man ausdruckt, auf die eigene Webseite bringt oder sonst wie betrachtet.

# Nachbearbeitung des Summenbildes

18. **Nachbeabeitung des JPG-Bildes.** Um Details feiner herauszuarbeiten, können noch Kleinigkeiten korrigiert werden:

   a. In allen Teilbildern sind noch Reste des lichtverseuchten Bildhintergrunds enthalten. Diese finden sich auch im Gesamtbild nach Schritt 16. Insbesondere findet sich im Bildhintergrund sehr oft ein Gradient. Demnach ist der Bildhintergrund in Horizontnähe heller als in Zenitnähe. Auch solch ein Gradient kann mit der Ebenenabzugtechnik (Schritt 2) korrigiert werden, indem man nicht eine einfarbige

Ebene erzeugt und abzieht, sondern eine Gradientenebene. Hierzu nimmt man mit der Pipette den hellen Hintergrund als Vordergrund und den dunklen Hintergrund als Hintergrund der Farbpipette. Anschließend erzeugt man eine neue weiße Ebene und füllt mit dem Füllwerkzeug einen Gradienten VG → HG. Subtrahiert man diese Ebene von der Hintergrundebene, sollte der Helligkeitsgradient im Bild verschwinden. Ebenso verfährt man bei einem zirkularem Gradienten, wie er insbesondere bei preiswerten Fernrohren auftritt, wenn die Bildebene nicht voll ausgeleuchtet ist.

b. Veränderung der Gradiationskurve. Mit dem Werkzeug *„Farben | Kurven"* lässt sich die Gradiationskurve sowohl für die Gesamthelligkeit (Luminanz) als auch für die Einzelnen Farben (Rot, Grün, Blau) einstellen. Klickt man bei eingeschaltetem Werkzeug auf die kritische Bildstelle, die hervorgehoben werden soll, dann erscheint in der Gradiationaskurve mit Histogramm die entsprechende Pixelposition als senkrechte Linie markiert. Um diese Marke herum kann man die Gradiationskurve leicht durch anklicken und ziehen verändern. Wenn der Knopf *„Vorschau"* aktiviert ist, erkennt man die Auswirkung der Maßnahme sofort und kann ggf. korrigieren.

Die umfängliche Beschreibung legt zu Recht die Vermutung nahe, dass kaum mehr als ein einziges Foto an einem Nachmittag bearbeitet werden kann. Im folgenden werden die dargestellten Schritte an Hand von Abbildungen erläutert.

# Bearbeitungschritte in bebilderter Darstellung

Auswahl des Pipettenwerkzeugs

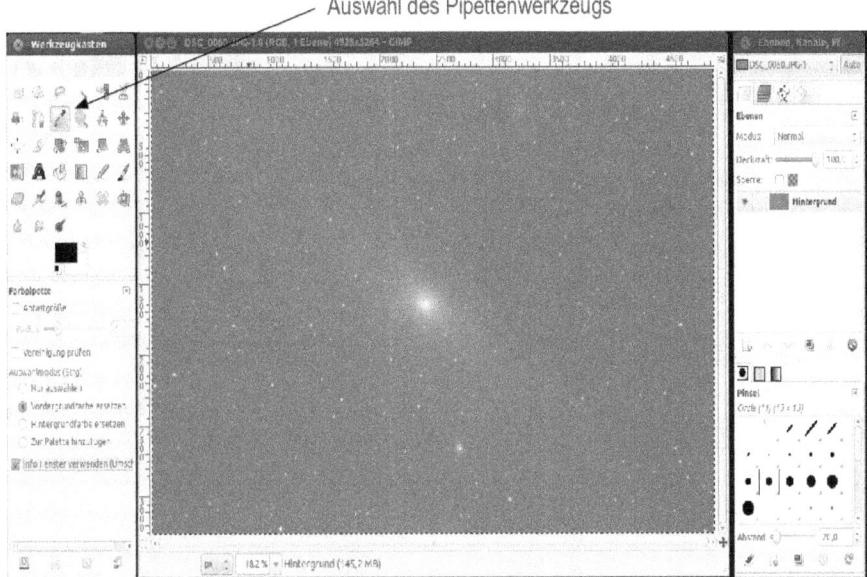

*Abbildung 40: Schritt 1 - Das Originalbild von M31 ist geladen. Man erkennt die Himmelsaufhellung. Es wird das Pipettenwerkzeug ausgewählt.*

Klick auf den Hintergrund

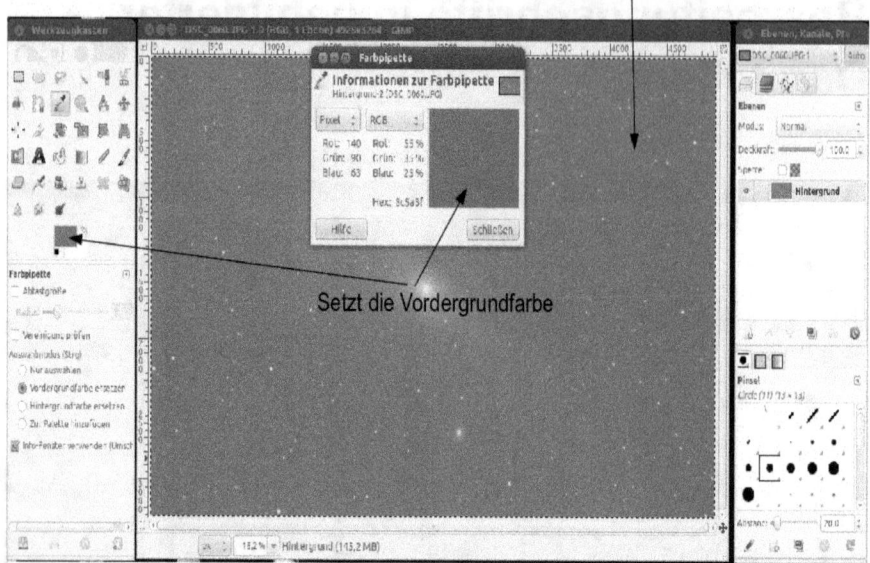

Setzt die Vordergrundfarbe

Abbildung 41: Schritt 2 - Ein Mausklick auf den Hintergrund setzt die Vordergrundfarbe.

Eine neue Ebene mit der Vordergrundfarbe erstellen.

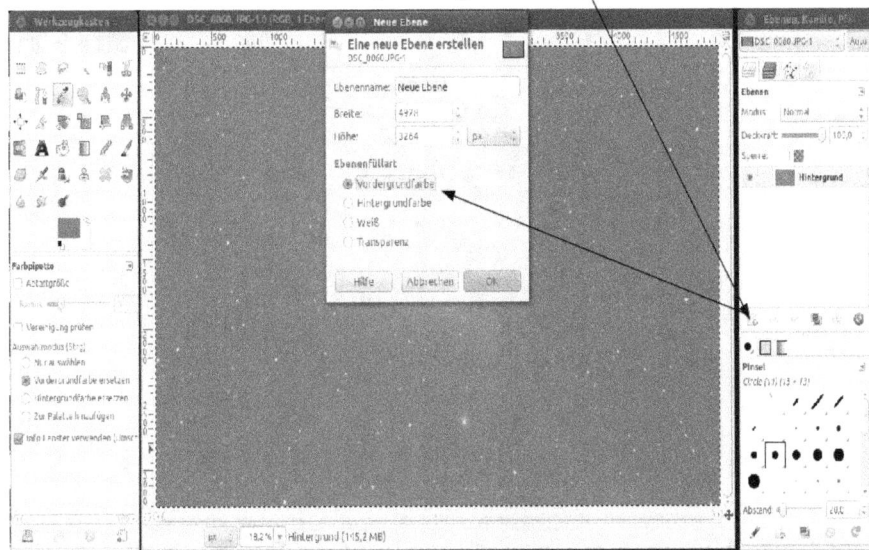

*Abbildung 42: Schritt 3 - Es wird eine neue Ebene in der Vordergrundfarbe erstellt.*

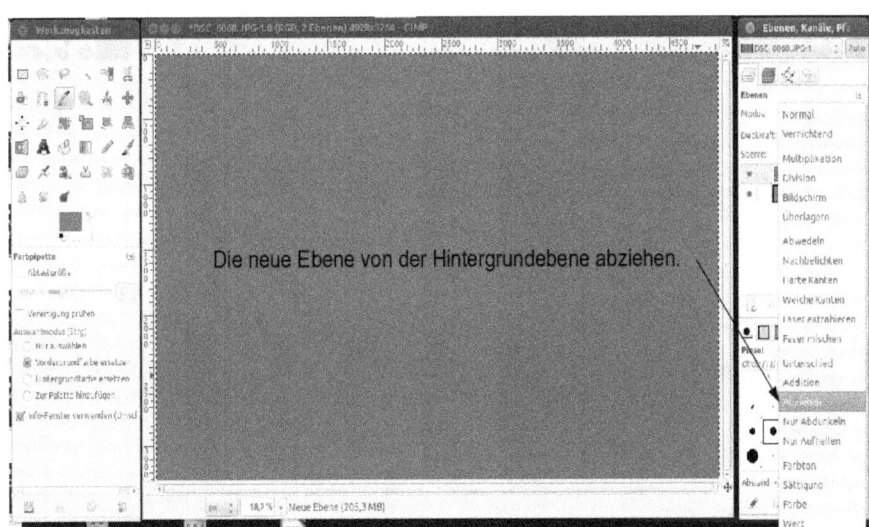

*Abbildung 43: Schritt 4 - Die neu erstelle Ebene wird von der Hintergrundabene abgezogen.*

Die Deckkraft auf 90 setzen (weniger aggressiv).

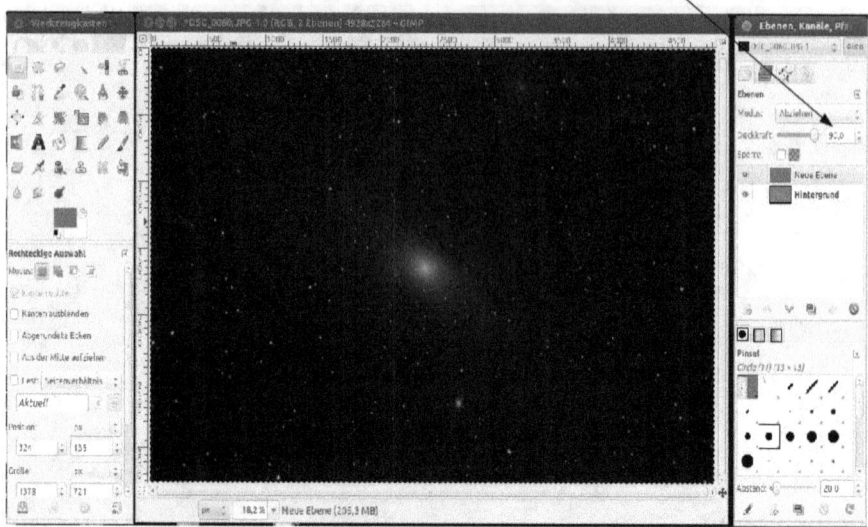

*Abbildung 44: Schritt 5 - Die Deckkraft wird auf 90 eingestellt. Das Bild zeigt kaum noch Aufhellung und kann weiter verarbeitet werden.*

# Bebilderte Darstellung der Aufsummierung

Es folgen die Schritte für die Aufsummierung der einzelnen Bilder.

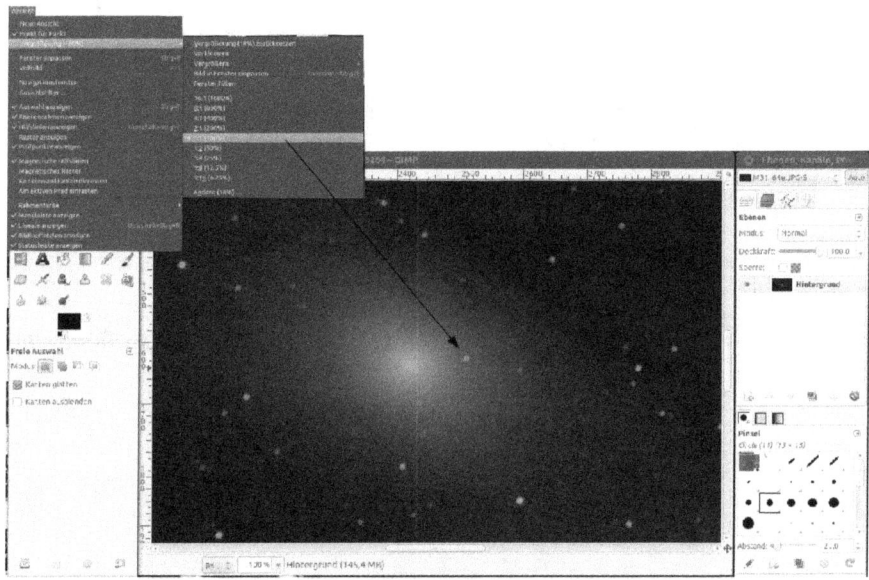

*Abbildung 45: Schritt 6 - Das mittlere Bild wird geladen und in 1:1 Ansicht angesehen. Damit ist pixelgenaues Arbeiten möglich.*

Das Bild M31_60e.jpg wird als neue Ebene eingefügt.

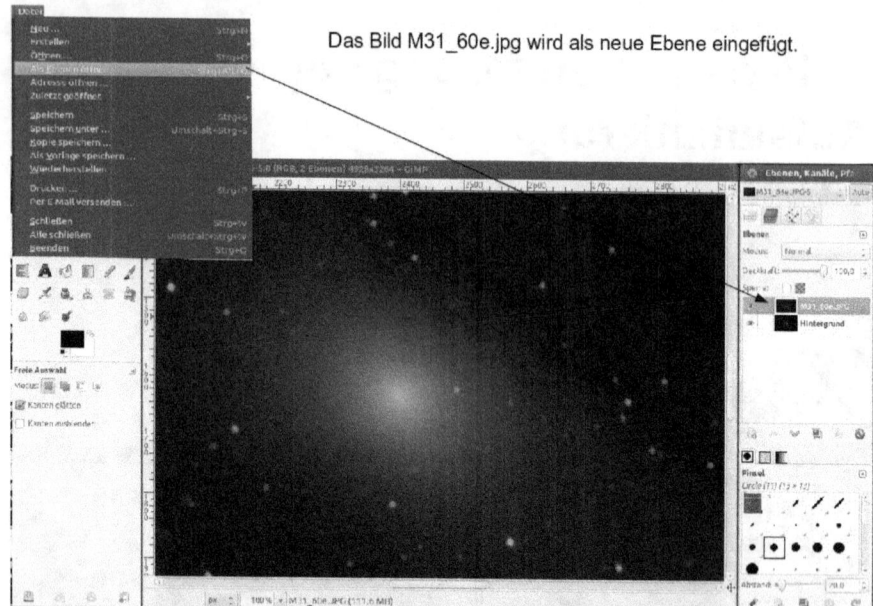

Abbildung 46: Schritt 7 - Ein Bild wird als neue Ebene geöffnet und erscheint im Ebenendialog.

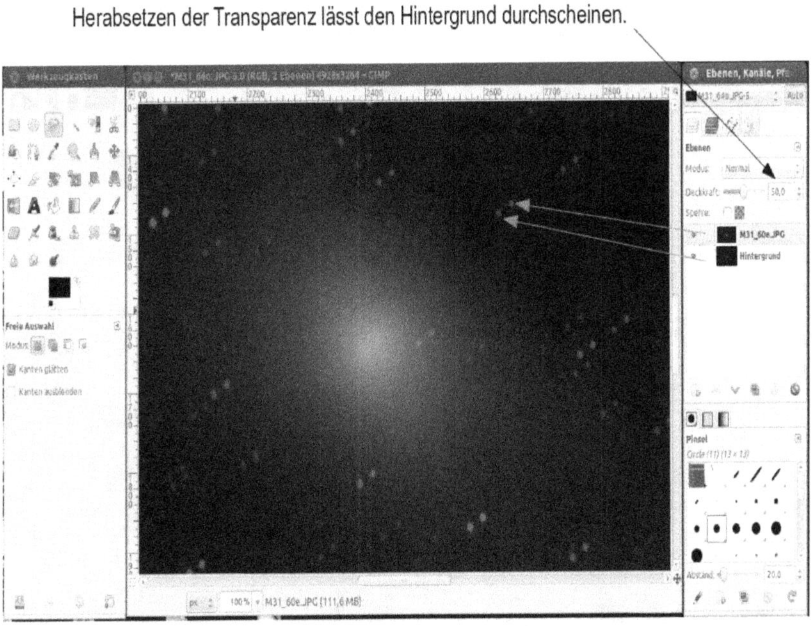

Herabsetzen der Transparenz lässt den Hintergrund durchscheinen.

*Abbildung 47: Schritt 8 - Herabsetzen der Transparenz zeigt die Verschiebung der beiden Ebenen.*

Durch Auswahl des Verschiebewerkzeugs wird die aktive Ebene verschoben.

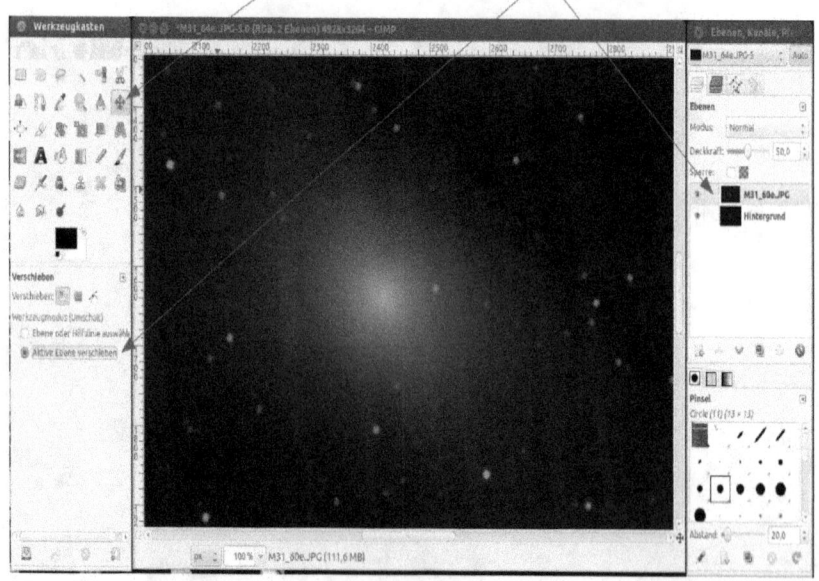

Abbildung 48: Schritt 9 - Nach der Verschiebung der aktiven Ebene liegen die beiden Bilder pixelgenau übereinander.

Alle Bilder werden mit 22% zum schwarzen Hintergrund (Neue Ebene) addiert.

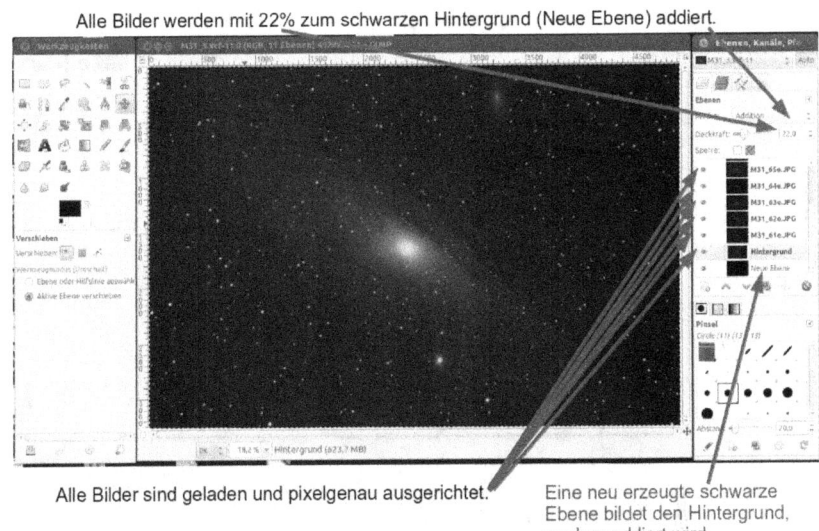

Alle Bilder sind geladen und pixelgenau ausgerichtet.

Eine neu erzeugte schwarze Ebene bildet den Hintergrund, zu dem addiert wird.

*Abbildung 49: Schritt 10 - Alle Bilder werden mit 22% zu einer neuen, schwarzen Ebene im Hintergrund addiert.*

Das Ergebnis wird sowohl als xcf-Datei als auch als jpg-Datei gespeichert. In der xcf-Datei ist die gesamte Information enthalten, während die jpg-Datei nur das Ergebnis der Verarbeitung enthält. Die xcf-Datei kann demgemäß jederzeit wieder aufgerufen werden und die Verarbeitung geändert werden. An der jpg-Datei können nur noch Detailveränderungen vorgenommen werden, die jetzt beschrieben werden.

# Herausarbeitung von Details durch Verändern der Gradiationskurve

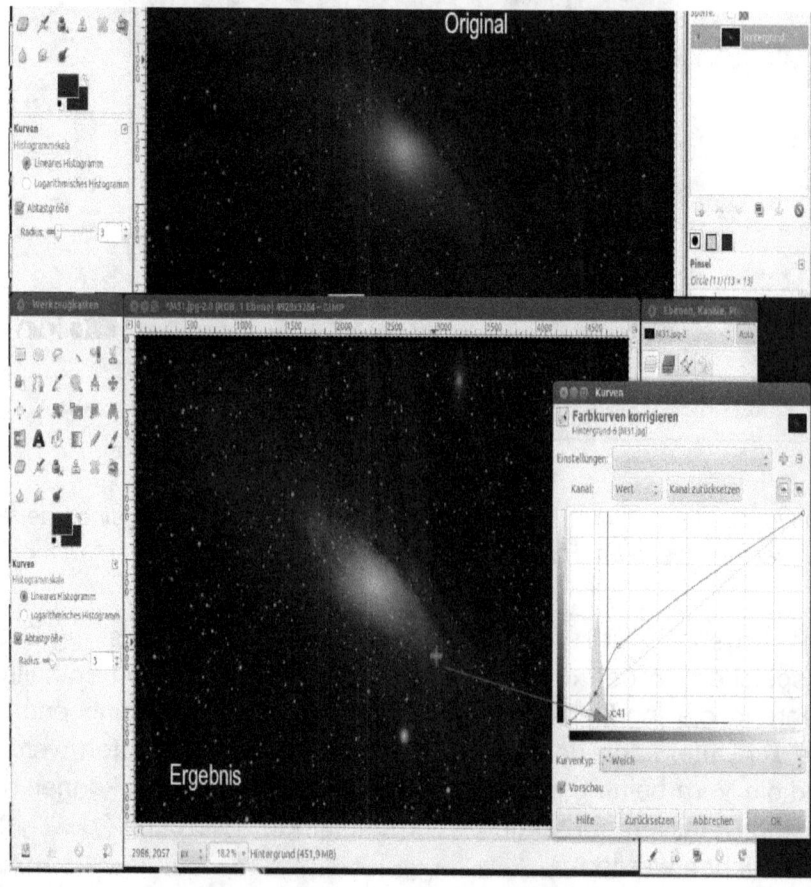

*Abbildung 50: Die Veränderung der Gradiationskurve lässt die Details besser hervortreten.*

Nach Aktivierung des Werkzeugs "Farben | Kurven" erscheint die Gradiationskurve. Ein Klick in den Randnebel zeigt dort die Helligkeit 41 an. Um diesen Wert herum macht man die

Gradiationskurve etwas steiler. Das Ergebnis betont die schwachen Nebelstrukturen.

# Entfernung eines Hintergrundgradienten

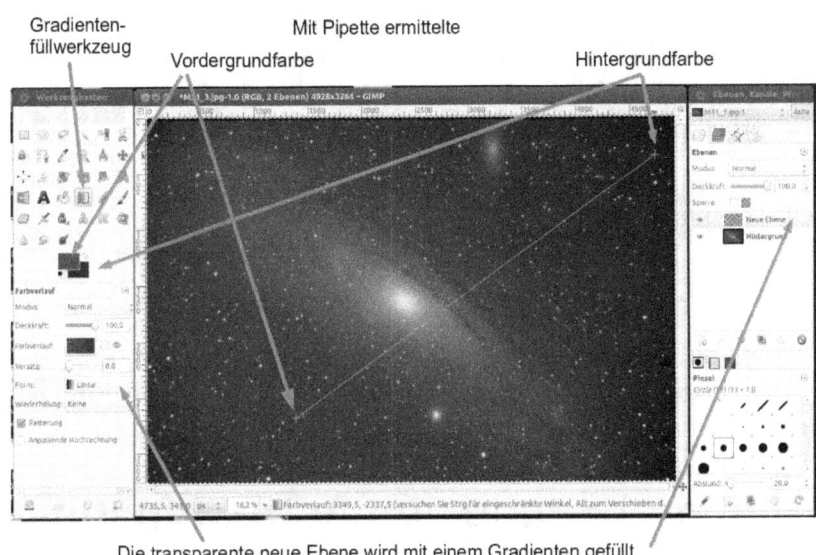

Abbildung 51: Ein Hintergrundgradient wird entfernt. Im ersten Schritt setzt man mit der Pipette die Vordergrund- und Hintergrundfarbe. Dann füllt man eine neu erzeugte transparente Ebene mit dem Gradientenfüllwerkzeug.

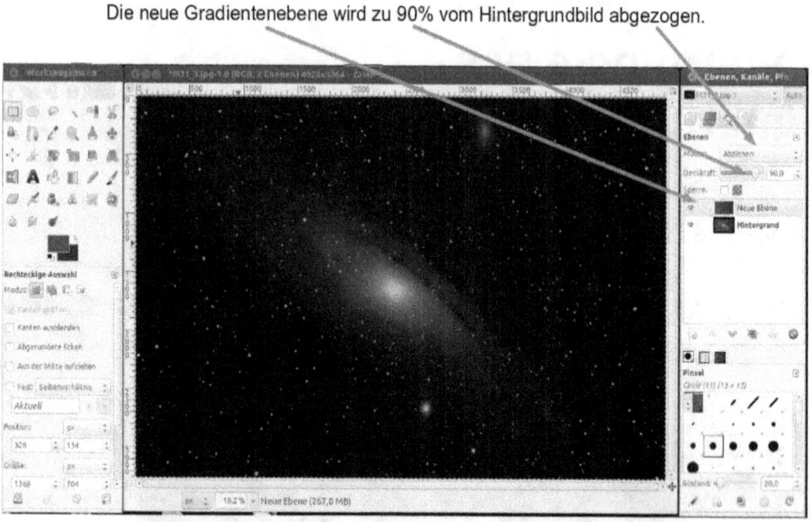

Die neue Gradientenebene wird zu 90% vom Hintergrundbild abgezogen.

*Abbildung 52: Das Ergebnis der Subtraktion der Gradientenebene von der Hintergrundebene kann sich sehen lassen. Der hässliche Hintergrund ist verschwunden.*

# Nachbearbeitung von Astroaufnahmen mit Fotoxx

Gelegentlich zeigen astronomische Objekte enorme Helligkeitsunterschiede, die von einem CCD-Chip mit seiner linearen Helligkeitskennlinie nicht verarbeitet werden können. Als Beispiel wenden wir uns einer Aufnahme des großen Orionnebels M42 zu (Abbildung 53).

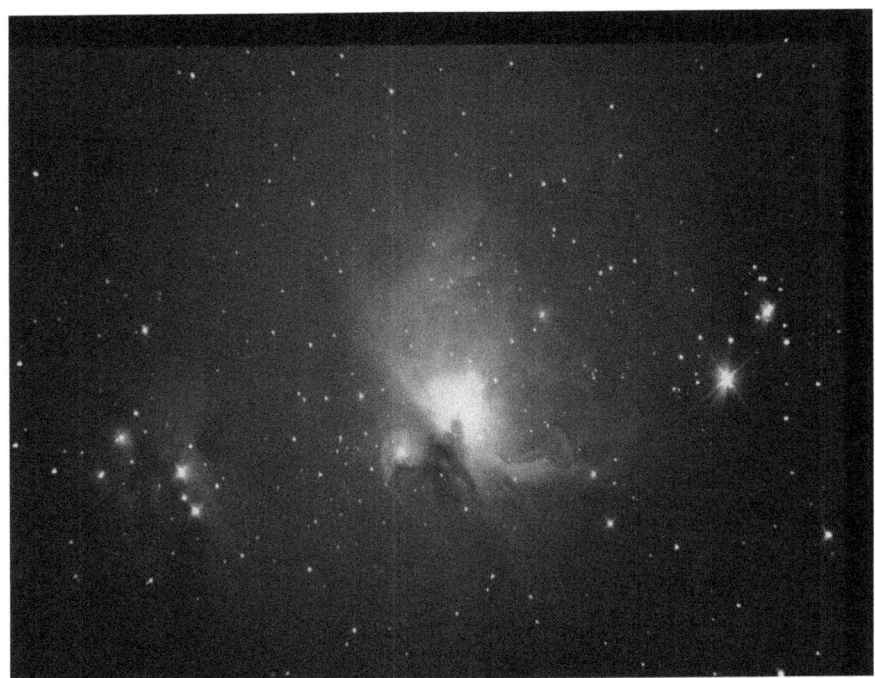

*Abbildung 53: Die Summe von 16 Bildern des M42 Nebels mit 400ISO und 30s Belichtungszeit auf der Nikon D5100 im Primärfokus des GSO Newton f=800mm, d=200mm ausgerichtet mit GIMP und jeweils zu 20% addiert, wie im vorigen Kapitel beschrieben.*

Während der Gasschweif durch die Bildersumme sehr gut zu erkennen ist, ist die Mitte des Objekts, das Trapez, hoffnungslos überbelichtet.

Jeder Architekturfotograf kennt dieses Problem bei der Belichtung von Innenräumen: Die Fensterpartie wird hoffnungslos überbelichtet, die dunkle Kaminecke versinkt im Schatten.

Dieses Problem wird durch eine digitale Fototechnik namens HDR (High Dynamic Range), Hoher Dynamikumfang, gelöst. Man fotografiert das Objekt mit 2 oder mehr Bildern mit unterschiedlicher Belichtung. Dann mischt man die gut belichteten Bildteile aus allen Bildern zusammen zu einem HDR-Bild. Die Software Fotoxx kann dies besonders einfach.

# Anfertigung eines HDR Bildes mit Fotoxx

Die Anfertigung des HDR-Bildes mit Fotoxx erfolgt in 4 Schritten:

1. Start des HDR-Verbundes unter dem Menüpunkt *Verbund | Hoher Dynamikbereich*.
2. Auswahl der Bilder für den Verbund. Minimal 2 und maximal 9 Bilder können in einen HDR-Verbund einfliessen.
3. Auswahl der Bildbereiche aus den beteiligten Bildern kontrollieren.
4. Abspeichern des fertigen Bildes.

## Vorbereitung (Schritt 1)

Wir beginnen die Beschreibung mit dem Schritt 2 am Beispiel des M42 Nebels (Abbildung 53). Die auszuwählenden Bilder sollten bereits mit GIMP ausgerichtet wirden sein. Am einfachsten ist es, die GIMP Datei mit der Endung *.xcf aufzurufen und die darin liegenden Bildebenen zu verwenden. Wir benötigen für den HDR-Verbund zwei Bilder, eines welchen die Gasumgebung des M42 Nebels zeigt (Abbildung 53) und eines, welches das Trapez im Inneren des Gasnebels richtig belichtet zeigt. Beide gewinnen wir aus dem Bild M42.xcf, in dem die 16 Ebenen des Gesamtbildes manuell ausgerichtet vorliegen. Die Ebenen werden aufsummiert, wir erhalten das Summenbild, welches den Gasschweif schön darstellt. Dieses Ergebnis wird als M42_a.jpg abgespeichert (Abbildung 53). Anschließend werden alle Ebenen bis auf eine ausgeblendet. Diese wird als *Normal 100%* dargestellt. Das entstandene Bild wird als M42_b.jpg gespeichert (Abbildung 54). In diesem Bild ist der Gasschweif kaum zu erkennen, sehr gut dagegen der helle Bereich des Trapez.

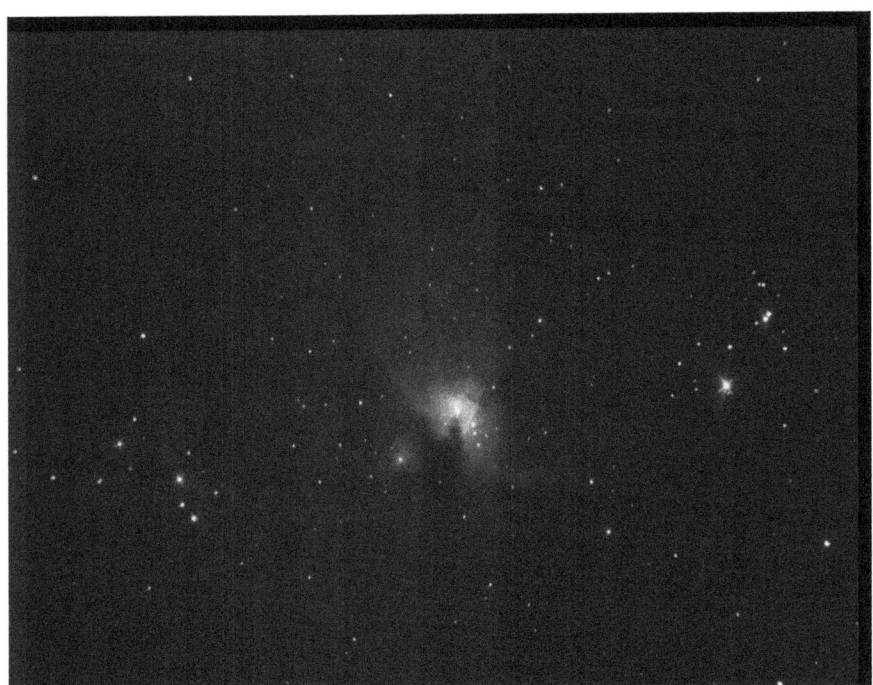

*Abbildung 54: Eine einzige Ebene des Verbundes M42.xcf zeigt das Trapez als hellsten Teil des Orionnebels richtig belichtet. Diese Ebene wird als M42_b.jpg gespeichert.*

## Auswahl der Bilder (Schritt 2)

Nach dem Start der HDR-Erstellung (Schritt 1) mit *Verbund | Hoher Dynamikbereich* werden die beiden Bilder M42_a.jpg und M42_b.jpg ausgewählt und geladen. Fotoxx lädt beide Bilder und versucht eventuelle Verschiebungen beider Bilder zu entdecken und auszumerzen. Dies ist ein sehr rechenintensiver Prozess, der auf einem älteren PC durchaus mehrere Minuten benötigt. Während dieses Prozesses werden die kritischen Bildbereiche als rote Flächen angezeigt. Im unteren Bildbereich erscheinen Statusinformationen und das Schlüsselwort BUSY. Nach Abschluss der Ausrichtungsarbeiten liegen beide Bilder in einem Verbund vor.

## Auswahl der Bildbereiche (Schritt 3)

Welcher Bildbereich aus welchem Bild entnommen wird, regelt die Profilkurve. Genauer gesagt, für jedes Bild gibt es eine Profilkurve. Abbildung 55 zeigt ein Beispiel für den M42 Nebel, komponiert aus M42_a.jpg und M42_b.jpg.

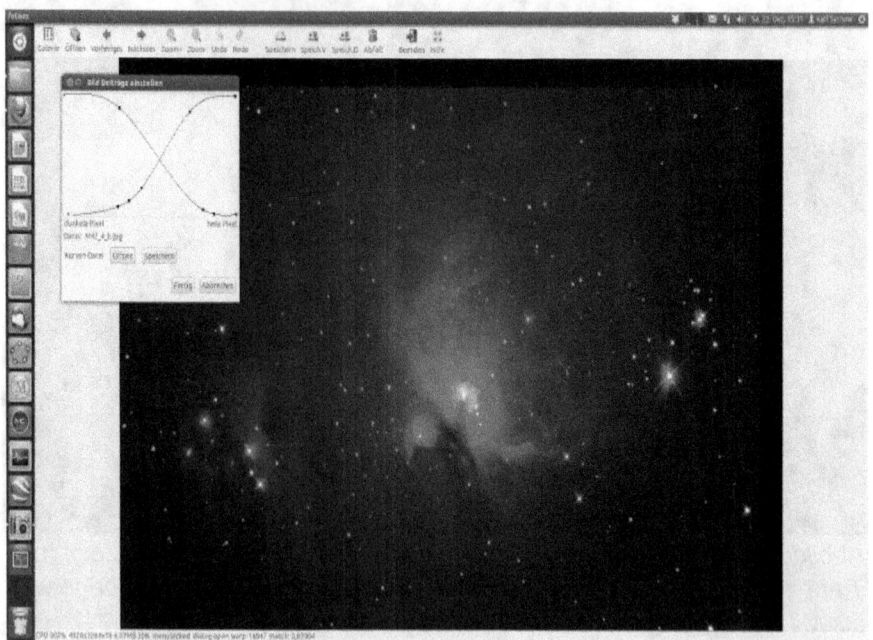

*Abbildung 55: Das HDR-Komposit aus den beiden Dateien M42_a.jpg (hell belichtet mit Gasnebel: Abbildung 39) und M42_b.jpg (dunkel belichtet mit Trapez: Abbildung 40) werden entsprechend den Profilkurven für beide Bilder zusammengesetzt.*

In diesem Bild ist sowohl das Trapez als auch der Gasnebel gut zu erkennen. Die beiden Profilkurven (eine für jedes Bild) regeln den Anteil des jeweiligen Bildes am Gesamtbild. Die helleren Pixel kommen vorrangig aus dem dunklen Bild M42_b.jpg, welches die helleren Pixel noch sauber zeichnet. Die dunkleren Pixel kommen dagegen aus dem Bild M42_a.jpg, in dem die dunklen Anteile der Gasnebel noch gut zu erkennen sind.

Die Modifikation der Profilkurven mit der Maus (Am Anfang sind die Profilkurven Geraden) bestimmt ganz wesentlich das Aussehen des

HDR-Bildes. Hier kann gar nicht zu wenig Sorgfalt und Zeit aufgewendet werden.

## Abspeichern des fertigen Bildes (Schritt 4)

Ist man mit der Komposition zufrieden, wird das Bild als neues Bild abgespeichert. Dies geschieht entweder über das Menü *Datei | in neuer Datei speichern* oder über den Knopf *+F (Speich.D)*. In beiden Fällen kann man den Speicherort und das bildformat bestimmen. Im Regelfall wird man das *.jpg oder *.png Format bevorzugen, aber auch das sehr speicheraufwendige TIFF-Format wird angeboten, letzteres sogar mit 16Bit/Pixel. Sollen die Bilder im Web gezeigt werden, ist *.jpg oder *.png die Wahl.

# Stapeln und Malen mit Fotoxx

Eine andere beliebte Methode die Bilder mit Fotoxx zu bearbeiten, ist stapeln und malen. Am Beispiel der beiden Bilder M42_a.jpg und M42_b.jpg aus dem Abschnitt HDR-Fotos lässt sich diese Technik einfach erklären:

1. Start des Verbundes mit *Verbund | Stapeln/malen*.
2. Auswahl der Bilder des Verbundes.
3. Auswahl der Bilder und übermalen des Gesamtbildes mit dem jeweiligen Bild.
4. Speichern des Bildes.

Die Beschreibung lässt erkennen, dass bis auf Schritt 1 und 3 die Bearbeitungsschritte im Vergleich zum HDR-Verbund gleich sind. In Schritt 1 wird lediglich ein anderer Verbund gewählt. Die Beschreibung der Durchführung an Hand der beiden Teilbilder M42_a.jpg und M42_b.jpg beschränkt sich also auf Schritt 3.

## Auswahl der Bilder und übermalen des Gesamtbildes (Schritt 3)

Nach der Ausrichtung der Bilder zeigt sich das folgende Gesamtbild auf dem Bildschirm (Abbildung 56):

1. Das Gesamtbild wurde aus dem Mittelwert der beteiligten Bilder berechnet.
2. Links oben ist das Kontrollfenster zum malen zu sehen. Man kann jedes einzelne Bild anwählen und die Größe des Pinsels. Mit diesem Pinsel wird das Gesamtbild mit dem gewähltem Bild übermalt. D.h. es wird der Mittelwert beider Bilder dort durch den Wert des gewählten Bildes ersetzt.
3. Im Bild zeigt der Mauszeiger mit dem Radius des Pinsels den zur Übermalung vorgesehenen Bildbereich an.

Im Falle unseres M42 Bildes übermalt man das gesamte Bild mit Bild 1 (M42_a.jpg) und das Trapez mit Bild 2 (M42_b.jpg). Das Ergebnis zeigt Abbildung 57.

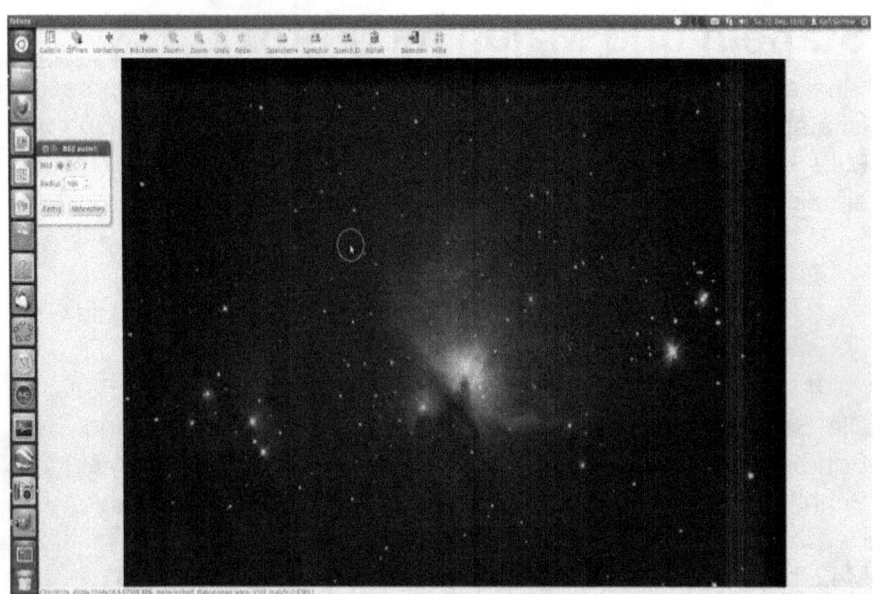

*Abbildung 56: Der Stapeln/Malen-Verbund der beiden Bilder M42_a.jpg und M_42_b.jpg.*

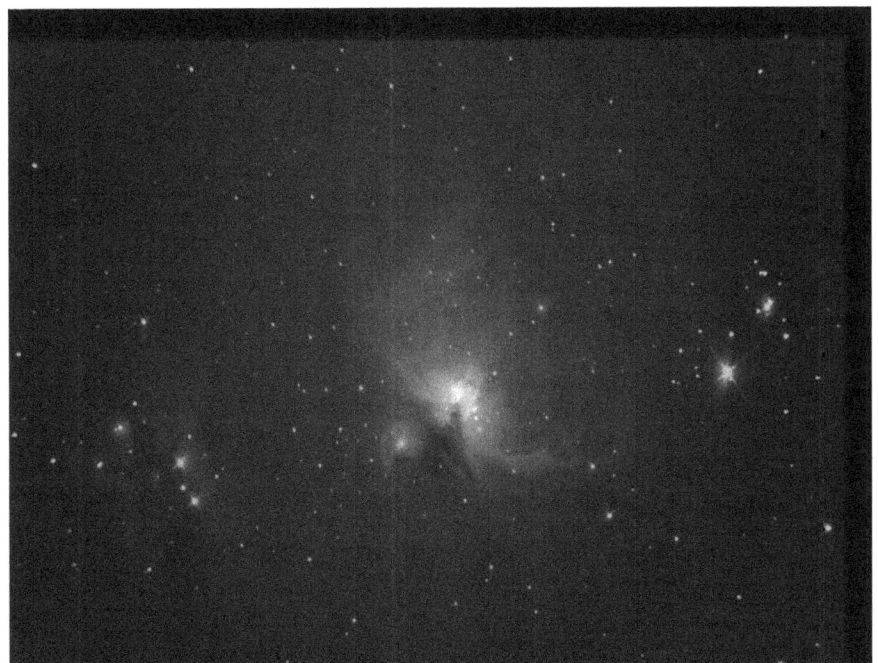

Abbildung 57: Der Stack/Malen-Verbund wurde durch Übermalen des gesamten Bildes mit M42_a.jpg und des Trapezes mit M42_b.jpg gewonnen. Die Wirkung ist ähnlich dem des HDR-Verbundes.

# Beispielaufnahmen

Sowohl in einem gedruckten Buch (mit Ausnahme hochwertiger Fotobücher) als auch in einem eBook kommen Fotos nach meiner Meinung nicht gut zur Geltung. Aber wer ein eBook kauft hat auch Internetzugang. Unter [2] findet man daher eine sich ändernde Auswahl einiger Fotos, die mit der oben beschriebenen Ausrüstung und Softwaretechnik hergestellt wurden. Bitte beachten Sie, dass die Aufnahmen, wenn nicht anders angegeben, in einem Garten am Rande der Stadt Hannover mitten in einer Wohnsiedlung gemacht wurden. Was mich selbst auch erstaunt hat, ist die Tatsache dass man selbst in einer Licht verseuchten Umgebung wie der beschriebenen noch so lichtschwache Gasnebel wie den NGC7000 fotografieren kann. Ab der Version 3.1 dieses Buches findet sich unter [35] der Link zu meinen Astrofotos auf Flickr. Dort habe ich die Fotos entsprechend der Aufnahmeumgebung in Alben einsortiert.

# Fortgeschrittene Amateurtechniken

Wenn Sie erfolgreich Ihre ersten Schritte in der Astrofotografie gemacht haben, wird irgendwann der Wunsch nach mehr Komfort aufkommen. Hierzu bieten die beiden Programme Kstars und Stellarium eine Schnittstelle mit dem Namen **INDI** (Instrument Neutral Distributed Interface) [19] an. Mit diesem Geräte unabhängigen Treiber kann man sowohl die Motoren eines GOTO-Teleskops, als auch die fotografierende Kamera steuern. Wie das geht soll in diesem Abschnitt erläutert werden. Allerdings gibt es bei der Installation sehr deutliche Unterschiede, abhängig vom verwendeten Betriebsystem. Unter UBUNTU-Linux, welches ich als Grundlage meines Buches verwendet habe, ist die Installation sehr einfach, was der Intention des Buches als Anfängerleitfaden sehr entgegenkommt. Deshalb beschreibe ich die Installation der Treiber unter UBUNTU, wie man sie auch bei [20] nachlesen kann.

Eine weitere Ergänzung für fortgeschrittene Amateure, die ich ebenfalls nur für UBUNTU-Linux beschreibe, ist Software zur Steuerung der Digitalkamera. Basis dieser Software ist das auf der Bibliothek **libgphoto** aufbauende Programm **gphoto2** [21]. Dieses Programm macht alles, was man braucht um die Auslösung eines Photos oder einer Photoserie vom Computer zu starten. Leider ist die Anzahl der unterstützten Kameras übersichtlich. Immerhin werden aber alle Nikon und Canon DSLR unterstützt. Es kommen auch immer mehr Kameras hinzu, aber wie immer unter OpenSource: Das ist eine Frage des Engagements der Entwickler, die ihre Arbeitskraft immerhin kostenlos zur Verfügung stellen.

**Darktable** [22] schließlich benutzen wir als nichts weiter als eine schöne Oberfläche für gphoto2. Wer auf schönen Schein verzichten kann und mit Zeilenkommandos kein Problem hat, hat mit gphoto2 das schnellere und absturzsicherere Programm. Wer sich

Zeilenkommandos nicht merken kann oder will, nimmt halt gelegentliche Instabilitäten in Kauf und verwendet darktable.

# INDI

## Installation der INDI-Treibersoftware

1. Das INDI Software Verzeichnis muß dem Installations manager mitgeteilt werden. Das geschieht mit dem Befehl **sudo add-apt-repository ppa:mutlaqja/ppa** in einem Terminalfenster. Von nun an stehen dem UBUNTU Softwaremanager alle INDI-Treiber zur Verfügung.
2. Damit der Softwaremanager die aktuellen Dateien auch kennt, muß noch ein Update geholt werden. Dies geschieht mit dem Befehl **sudo apt-get update** in einem Terminalfenster. Jetzt kennt der Softwaremanager die aktuellen Versionen der INDI-Treiber.
3. Installation der notwendigen INDI-Treiber mit Hilfe des Softwaremanagers (z.B. synaptic).
   a. **indi-bin**: Diese Software ist de eigentliche INDI-Treiber. Über ihn werden andere Treiber eingebunden. Für die Fernsteuerung des GOTO-Teleskops reicht dieser Treiber aus.
   b. Falls eine Kamera benutzt werden soll, dann kann auch noch ein Kameratreiber eingebunden werden, z.B. **indi-gphoto-ccd** für die Fernsteuerung von Canon Digitalkameras. Andere CCD-Kameras sind ebenfalls vorhanden, aber nur für die Canon DSLR gibt es derzeit ein INDI-Interface.

Ist die Installation der INDI-Treiber abgeschlossen, kann die Integration in die beiden Programme Kstars und Stellarium beginnen.

## Zugriff auf die serielle Schnittstelle

Der Zugriff auf Leitungen nach außen ist dem Normalverbraucher unter Linux untersagt. Der Systemverwalter muss das ggf. erlauben. Unter UBUNTU-Linux sind Sie automatisch auch Systemverwalter, wenn Sie es wollen. Um die serielle Schnittstelle für Sie als UBUNTU-Normalverbraucher frei zu schalten, müssen Sie in der Datei /etc/group einen Eintrag ihres Logins hinter die group *dialout* setzen. Damit sind Sie Mitglied der Gruppe dialout (Telefonwahl nach aussen) und dürfen auf die serielle Leitung zugreifen. Dies ist noch ein Relikt aus der Modemzeit, wo Computer sich über Telefonleitungen miteinander unterhalten haben. Abbildung 44 zeigt den Eintrag in der Datei /etc/group, die Sie am einfachsten mit dem Programm mc öffnen. Starten Sie in einem Terminalfenster das Programm mit *sudo mc* und öffnen dann die Datei /etc/group. Dort schreiben Sie ihr Login hinter die Gruppe dialout (Abbildung 58).

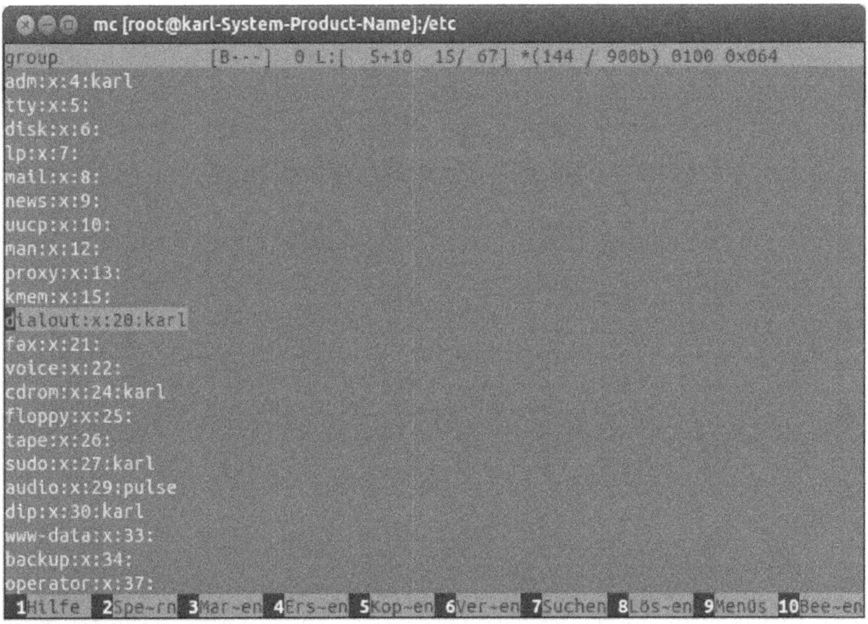

*Abbildung 58: In der Datei /etc/group muss Ihr Login hinter der Gruppe dialout stehen. Sie haben nur als root Zugriff auf diese Datei. Also am einfachsten mit sudo mc die Datei suchen und zum Schreiben öffnen.*

Als Mitglied der Gruppe dialout können Sie dann sowohl mit Kstars als auch mit Stellarium auf die Schnittstellen zugreifen.

# Einrichtung der INDI-Schnittstelle in Kstars

Als erstes sollten Sie das Teleskop einschalten und ausrichten. Keine Angst: Sie müssen dafür nicht die nächste sternklare Nacht abwarten und wertvolle Beobachtungszeit für die Einrichtung von Kstars verschwenden. Schalten Sie einfach das Teleskop neben Ihnen am Computer im warmen Arbeitszimmer ein und richten Sie es aus, ohne dass irgendeine Optik auf dem Gerät montiert ist. Egal wohin das Gerät zeigt, Hauptsache das Teleskop ist im Betrieb und glaubt einen Stern zu avisieren.

Nach dem Start von Kstars ruft man am einfachsten den Geräte Manager auf (Geräte | Gerätemanager). Dort wählt man den Teleskoptyp auf, startet den INDI-Dienst und konfiguriert die Schnittstelle beim ersten Aufruf. Anschliessend verbindet man den Computer mit de, GOTO-Teleskop. Wenn alles gut gegangen ist, erscheint in der Sternenkarte von Kstars das Symbol des Fernrohrs dort, wo das Teleskop gerade hinzeigt (Abbildung 59).

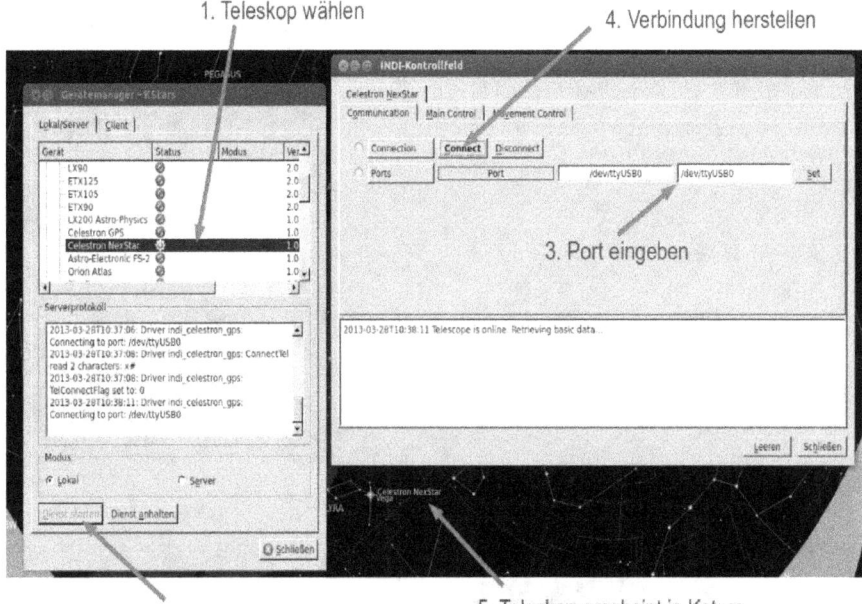

1. Teleskop wählen      4. Verbindung herstellen

2. Dienst starten      5. Teleskop erscheint in Kstars

*Abbildung 59: Die Einsrichtung der INDI-Steuerung unter Kstars ist einfach und erfolgt in 4 Schritten. Als Ergebnis erscheint der Teleskopmarker an der aktuellen Teleskopposition.*

Soll nun ein anderer Stern angefahren werden, klickt man diesen einfach mit der rechten Maustaste an. Es öffnet sich ein Kontextmenü, in welchem das Teleskop angewiesen werden kann dorthin zu fahren (engl.: slew). Siehe Abbildung 60.

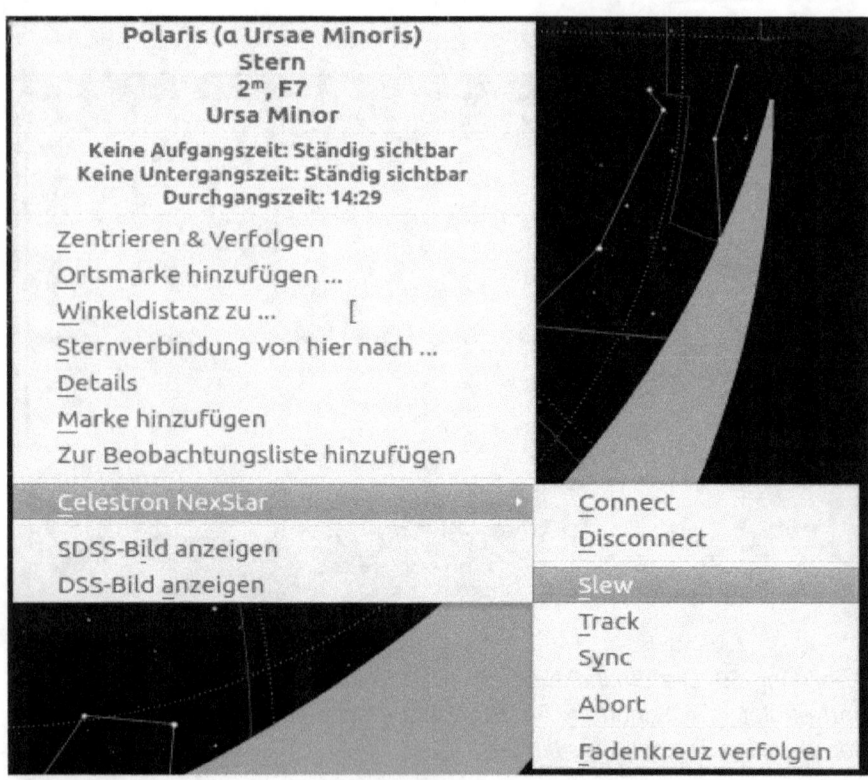

Abbildung 60: Polaris wurde mit einem rechten Mausklick ausgewählt. Durch Klick auf Slew fährt das Teleskop diesen Stern an.

## Einrichtung der INDI-Schnittstelle in Stellarium

Im Einstellungsfenster [F2] kann unter **Erweiterungen** die Teleskopsteuerung angewählt werden (Abbildung 61).

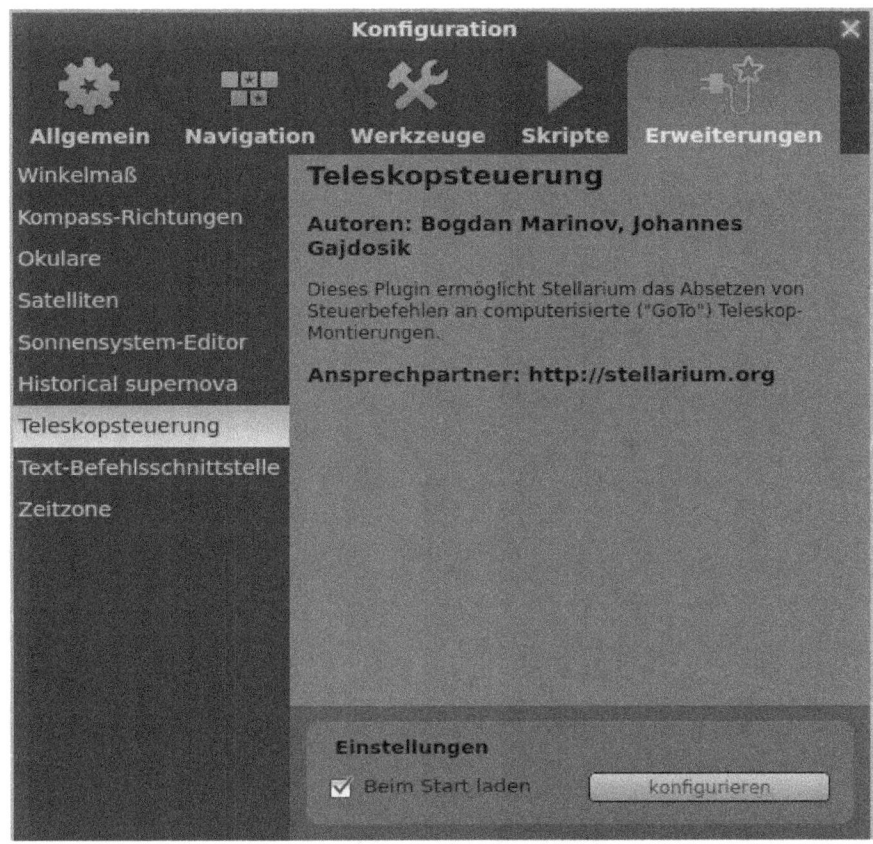

Abbildung 61: In der Konfiguration kann die Teleskopsteuerung beim Start geladen werden. Ein Mausklick auf konfigurieren startet das Konfigurationsfenster.

Klickt man hier auf **konfigurieren**, wird das Konfigurationsfenster für die Teleskopsteuerung geöffnet (Abbildung 62).

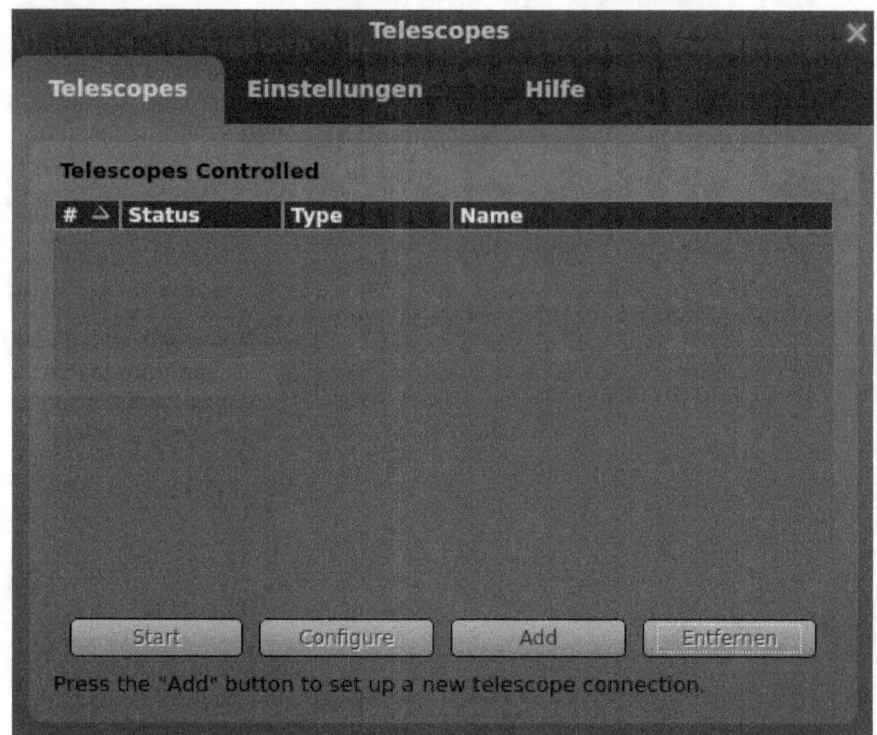

*Abbildung 62: Es ist noch kein Teleskop in der INDI-Steuerung eingetragen. Ein Mausklick auf Add fügt ein neues, noch zu konfigurierendes Teleskop hinzu.*

Ein Mausklick auf **Add** fügt ein neues, noch zu konfigurierendes Teleskop hinzu (Abbildung 63).

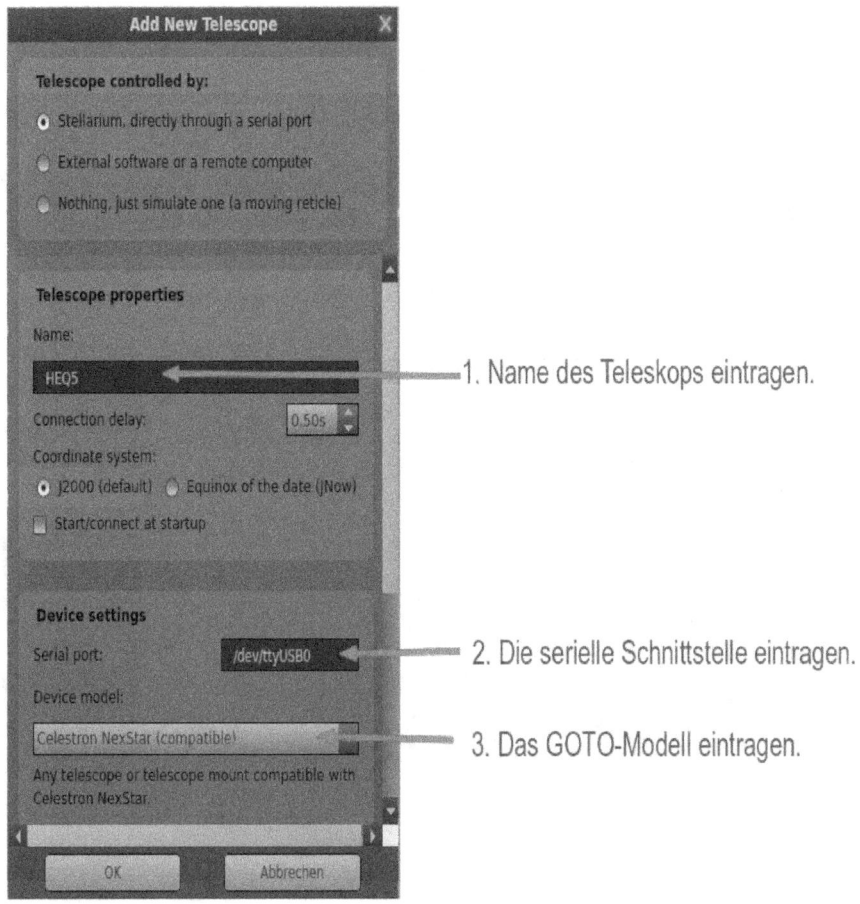

1. Name des Teleskops eintragen.

2. Die serielle Schnittstelle eintragen.

3. Das GOTO-Modell eintragen.

*Abbildung 63: Nach dem Eintragen des Teleskopnamens und der seriellen Schnittstelle sowie des GOTO-Modells ist die Konfiguration abgeschlossen.*

Nach dem Mausklick auf OK ist die Konfiguration abgeschlossen und das Teleskop steht in Stellarium zur Verfügung (Abbildung 64).

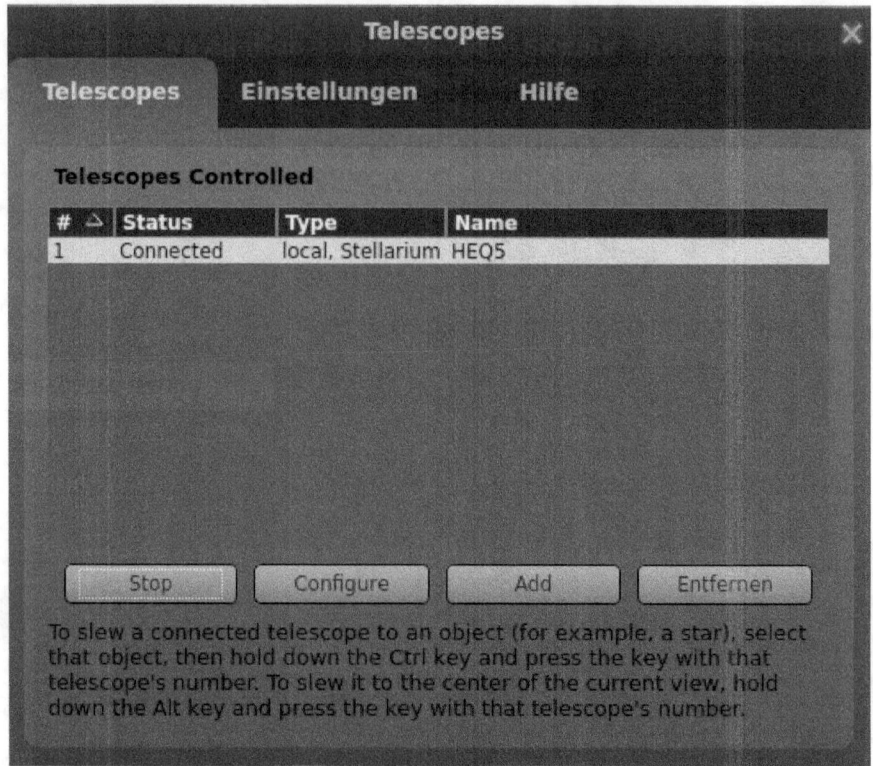

*Abbildung 64: Nach der Konfiguration steht das Teleskop zur Verfügung. Mit Start wird die Verbindung hergestellt, mit Stop wird die Verbindung wieder unterbrochen. Hier wurde die Verbindung hergestellt, der Start-Knopf wurde also zum Stop-Knopf.*

Ein Mausklick auf den Start-Knopf startet die Verbindung, ein Mausklick auf den Stop-Knopf stoppt die Verbindung.

Wird das Konfigurationsfenster nun geschlossen, erscheint der Teleskopzeiger an der aktuellen Position (Abbildung 65).

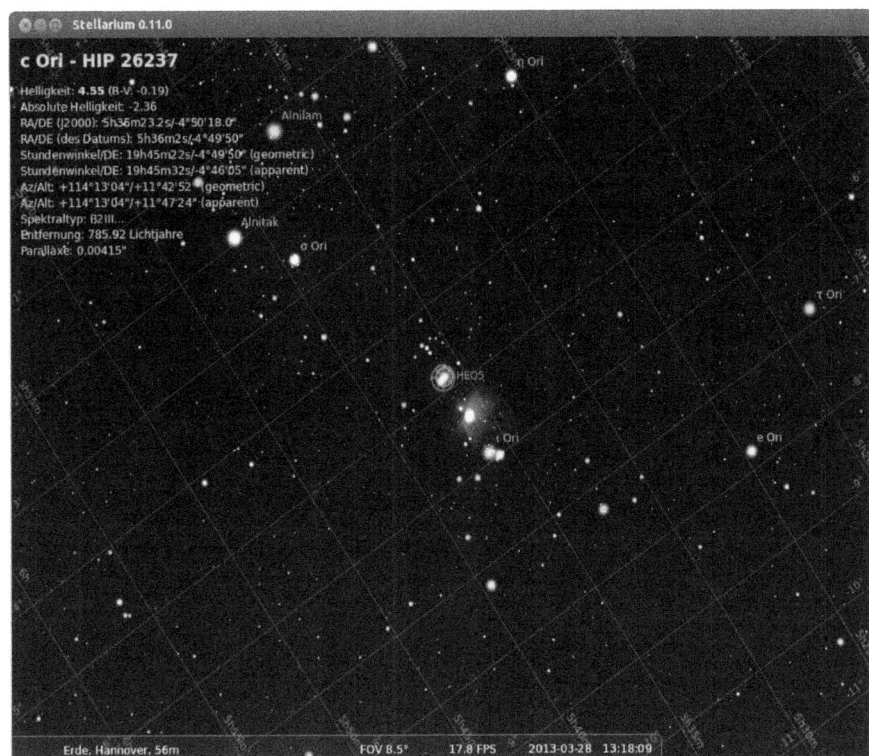

*Abbildung 65: Ist das Teleskop mit Stellarium verbunden, erscheint der Teleskopzeiger mit dem Namen des Teleskops an der aktuellen Position. Wird ein neues Objekt durch Mausklick angewählt, schwenkt das Teleskop dorthin, wenn die Tasten STRG+1 (für das erste und vermutlich einzige Teleskop) gleichzeitig gedrückt werden.*

Um das Teleskop zu einem neuen Objekt zu bewegen, wird dieses mit einem Mausklick markiert. Der Name des Objekts erscheint wie üblich links oben im Fenster. Wird nun die Steuerungstaste (Strg) gleichzeitig mit der Nummer des konfigurierten Teleskops (Nummer 1 in Abbildung 64) gedrückt, schwenkt das Teleskop zu diesem Objekt.

# gphoto2

gphoto 2 ist die Kommandozeilensoftware, welche sich der libgphoto Bibliothek bedient, um auf Kameras zuzugreifen. Sie muss zunächst installiert werden. Ob sich die Installation lohnt, hängt davon ab welche Kamera man sein eigen nennt. Zwar wird auf der Homepage die Anzahl unterstützter Kameras mit mehr als 1600 angegeben, aber unterstützt heisst lediglich, dass die Bilder vom Kameraspeicher gelesen werden können. Was wir wollen ist etwas anspruchsvoller: Wir wollen die Kamera fernsteuern. Und da reduziert sich die Unterstützung im wesentlichen auf die DSLR Kameras von Canon und Nikon. Um sicher zu gehen, können Sie lediglich gphoto2 installieren und sehen ob die Kamera richtig erkannt wird (gphoto2 --auto-detect) und wenn ja, ob sie Bilder aufnimmt (siehe weiter unten).

## Installation

Dies geschieht am einfachsten mit der Softwareverwaltung **Synaptic**, die man im Hauptmenü findet. Dort wählt man gphoto2 aus und installiert die Anwendung durch einen Mausklick auf *Anwenden* (Abbildung 66).

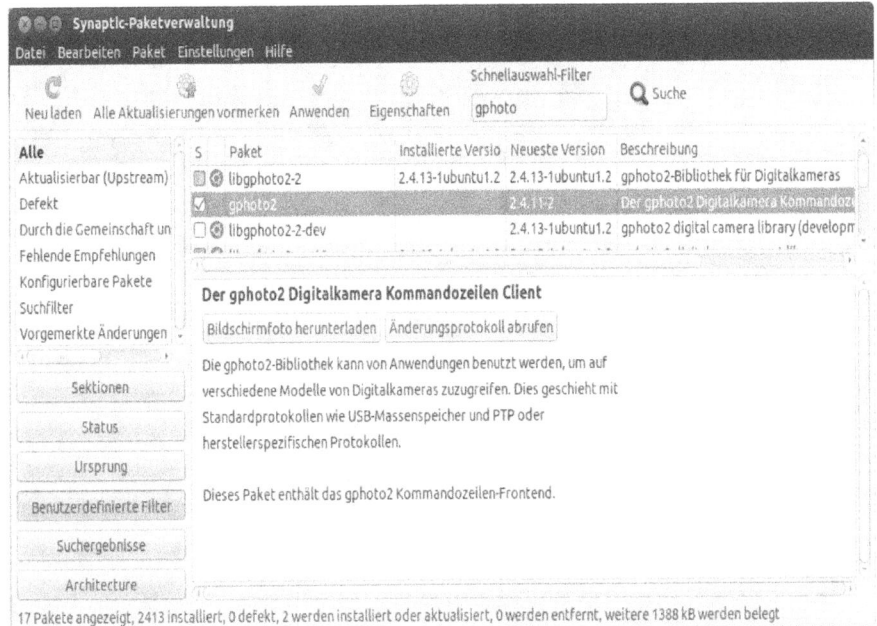

*Abbildung 66: Das Programm gphoto2 wird in der Synaptic-Paketverwaltung gesucht, angeklickt und mit einem Mausklick auf Anwenden installiert. Das Programm Synaptic findet man im Hauptmenü.*

Nach der Installation steht gphoto2 als Kommandozeilenprogramm zur Verfügung.

# Bilder mit gphoto2 aufnehmen

Die Kamera wird mittels mitgeliefertem USB-Kabel an den PC angeschlossen und eingeschaltet. Auf dem Bildschirm öffnet sich nun ein Fenster, welches den Inhalt der Kameraspeicherkarte anzeigt. Damit hat gphoto2 aber keinen exklusiven Zugriff auf die Kamera und verweigert die Mitarbeit. Bevor man also mit gphoto2 arbeiten kann, muss man die Speicherkarte der Kamera aus dem Dateisystem herausnehmen. Dies geschieht durch Rechtsklick auf das Speicherkartensymbol und die Aktivierung des Eintrages *Aushängen* (Abbildung 67).

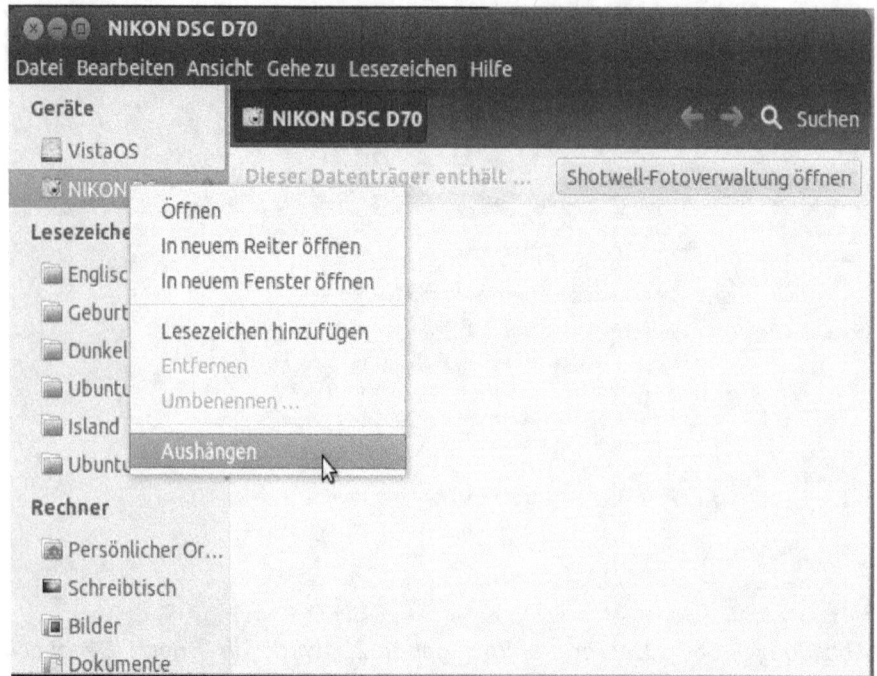

*Abbildung 67: Das Kontextmenü der Kameraspeicherkarte ermöglicht das Aushängen der Karte. Damit bekommt gphoto2 exklusiven Zugriff auf die Kamera.*

Nach dieser Vorarbeit steht die Kamera exklusiv für gphoto2 zur Verfügung. Es wird nun ein Terminalfenster geöffnet. In diesem Terminalfenster wechselt man mit dem **cd** Befehl in das Verzeichnis, in dem die Dateien gespeichert werden sollen. Wer sich mit den Linux Befehlen nicht auskennt, dem empfehle ich die Benutzung von **mc**, dem Midnight Commander, einem Norton Commander Klon. Hier steht eine grafisch orientierte Oberfläche zur Verfügung, die den Wechsel in das Zielverzeichnis der Bilder durch Mausklick ermöglicht. Im Zielverzeichnis angekommen wird der folgende Befehl eingetippt:

***gphoto2 -I 1 -F 2 --capture-image-and-download***

Die Bedeutung: Nach dem eigentlichen Befehl gphoto2 folgen die Parameter

- **-I** : Das Intervall in Sekunden, bis das nächste Bild auslöst. Im obigen Beispiel wurde 1s gewählt.
- **-F** : Die Anzahl der Bilder (Frames), die gemacht werden sollen. Im Beispiel sind 2 Aufnahmen angefordert.
- **--capture-image-and-download** : Die Aufforderung, die gewünschten Bilder anzufertigen und ins Zielverzeichnis zu kopieren. Es werden dabei die Einstellungen der Kamera verwendet.

Abbildung 68 zeigt nochmal die Zusammenfassung.

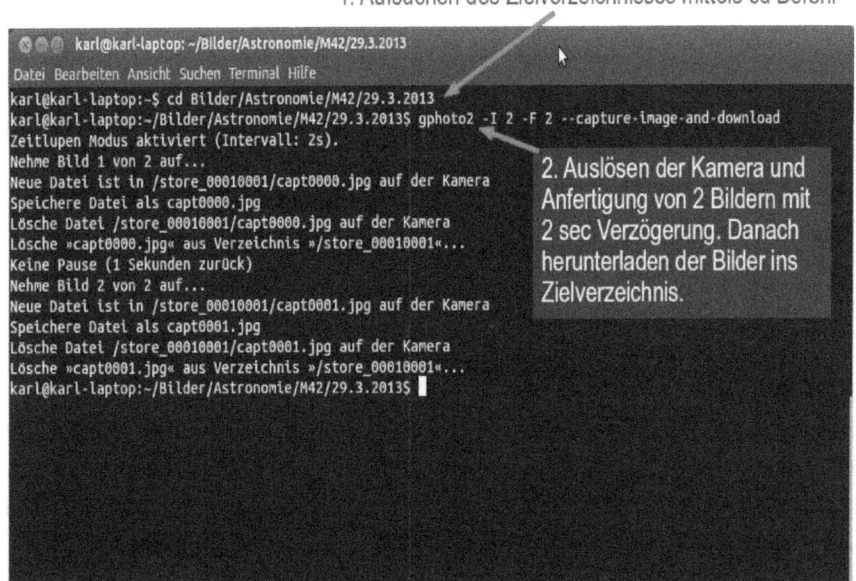

*Abbildung 68: In einem Terminalfenster wird per Kommandozeilenbefehl cd in das Zielverzeichnis gewechselt. Hier werden die Bilder abgelegt. Anschliessend wird der gphoto2-Befehl abgesetzt. Hier werden 2 Bilder (-F 2) mit einer Verzögerung von 2s (-I 2) angefertigt und anschliessend in das Zielverzeichnis heruntergeladen.*

Das Ergebnis sieht man dann im Zielverzeichnis vorliegen (Abbildung 69).

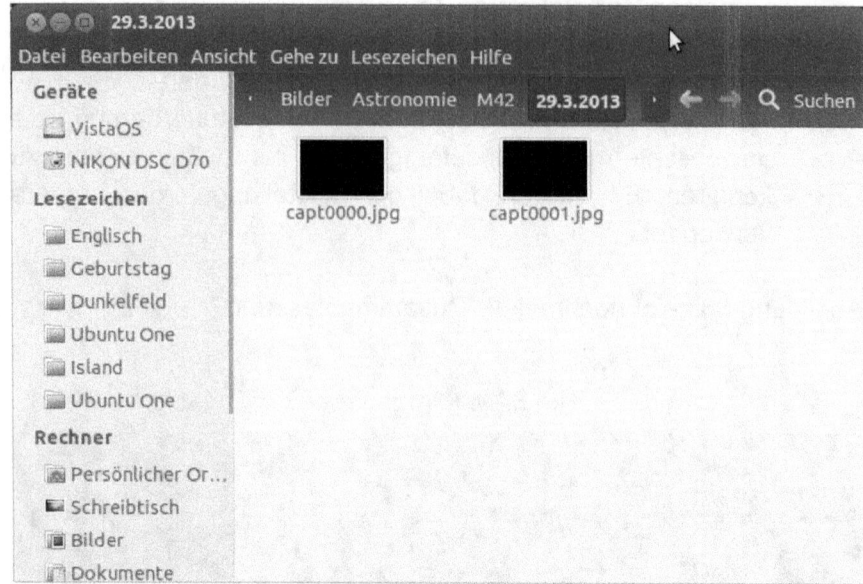

*Abbildung 69: Im Zielverzeichnis liegen 2 Bilder vor. Die Namensgebung erfolgt automatisch von gphoto2.*

## Mehrere Kameras gleichzeitig ansteuern

Mit gphoto2 ist das sehr einfach. Man öffnet einfach für jede Kamera ein eigenes Terminalfenster. Dann geht man in jedem Fenster in ein eigenes Zielverzeichnis und löst dort die jeweilige Kamera aus. Die Zuordnung zur Kamera erfolgt in einem weiteren Parameter

- **--camera**= : Es folgt der Name der Kamera, wie gphoto2 ihn erkannt hat. Den ermittelt man am besten mit dem Parameter --auto-detect , bevor man die eigentliche Auslösung startet.
- **--auto-detect** : Ermittelt die Namen der angeschlossenen Kameras. Sie werden beim Kameraparameter in Anführungszeichen gesetzt. Aber Achtung: Es muss der

ganze Name angegeben werden, meistens mit einem abschliessendem **(PTP modus)**.

# Darktable

Das Programm darktable übernimmt lediglich die Funktion einer schicken Oberfläche für gphoto2. Die eigentliche Funktion wird nach wie vor von gphoto2 ausgeübt. Aber das Programm erspart das Arbeiten mit der Kommandozeile, dass fensterndeln Zeitgenossen heute eher unheimlich ist.

## Installation von darktable

Darktable läßt sich im Ubuntu Software-Center durch anklicken installieren. Wer die neueste Version haben möchte, sollte das Archiv ppa:pmjdebruijn/darktable-release den Softwarequellen hinzufügen. Das geschieht genau so wie bei INDI:

1. Das darktable Software Verzeichnis muß dem Installations manager mitgeteilt werden. Das geschieht mit dem Befehl *sudo add-apt-repository* **ppa:pmjdebruijn/darktable-release** in einem Terminalfenster. Von nun an stehen dem UBUNTU Softwaremanager alle darktable Versionenr zur Verfügung.

2. Damit der Softwaremanager die aktuellen Dateien auch kennt, muß noch ein Update geholt werden. Dies geschieht mit dem Befehl *sudo apt-get update* in einem Terminalfenster. Jetzt kennt der Softwaremanager die aktuellen Versionen der darktable Versionen.

3. Installation der notwendigen darktable Software mit Hilfe des Softwaremanagers (z.B. Synaptic oder das Ubuntu Software-Center).

# Benutzung von darktable

Nach der Installation von darktable, kann das Programm wie üblich aufgerufen werden. Die Startansicht zeigt Abbildung 70.

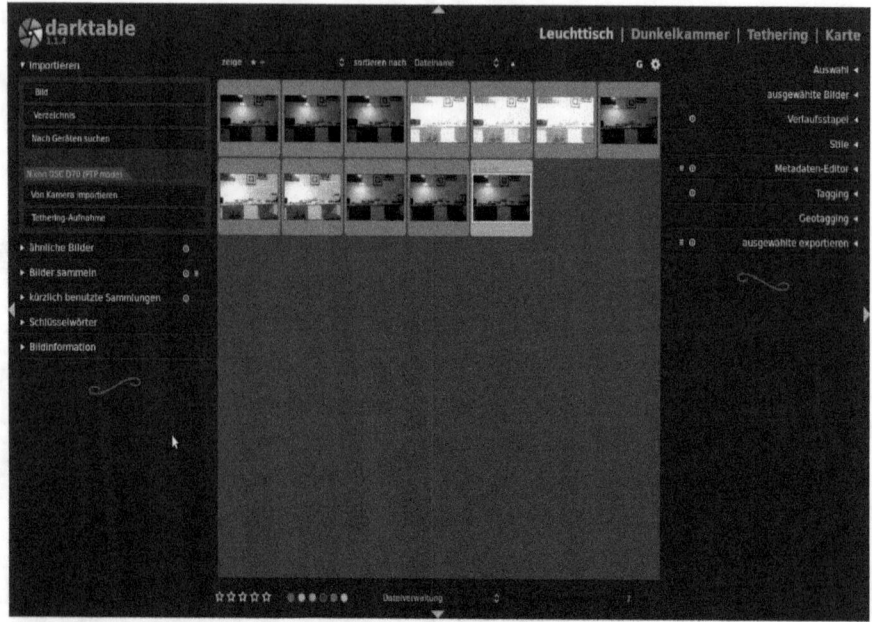

*Abbildung 70: Das Startfenster von darktable zeigt links die erkannten Kameras, in der Mitte die letzten aufgenommenen Fotos und rechts Einstellungen zur Bearbeitung von vorhandenen Bildern.*

Am interessantesten ist die Möglichkeit der Kamerasteuerung, die sich im linken Teil des Startfensters (Abbildung 70) unter **Tethering-Aufnahme** verbirgt. Wird diese Taste gedrückt, zeigt das Programm das eigentliche Aufnahmefenster, in dem die Kameraparameter angezeigt werden (Abbildung 71).

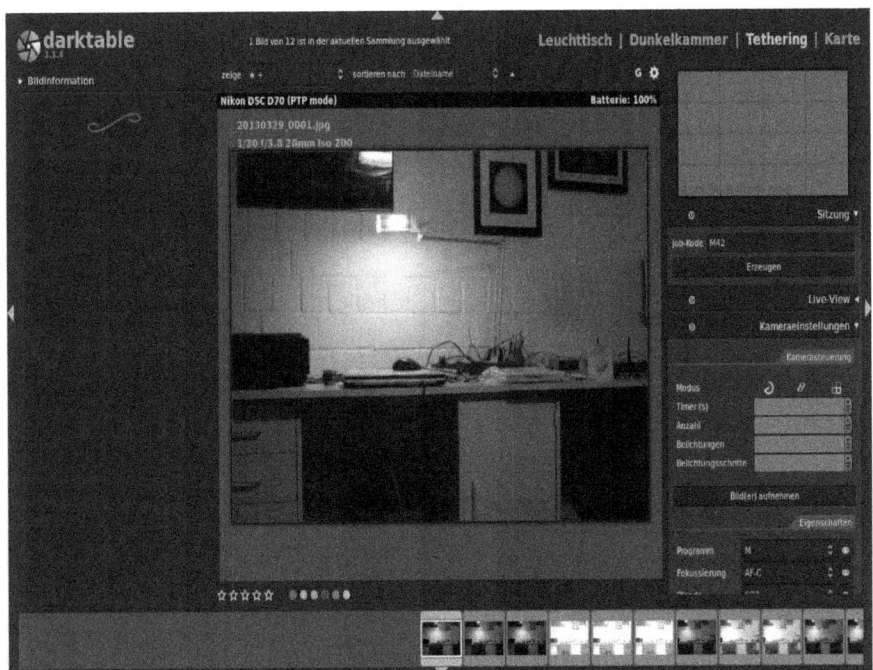

*Abbildung 71: Darktable im Tethering Modus. Auf der rechten Seite kann man die Betriebsart der Kamera wählen. Möglich sind Einzelaufnahmen, Serienaufnahmen und Belichtungsreihen.*

Darktable legt alle Bilder, die es aufnehmen wird in einer sogenannten Filmrolle ab. Das ist einfach ein Unterverzeichnis im Ordner ~/Bilder/darktables. Die Bezeichnung des Unterverzeichnisses setzt sich aus dem aktuellen Datum und einem sogenannten Job-Kode zusammen. In Abbildung 57 ist dieser M42 genannt, weil ich gerade daran denke M42 aufzunehmen. Ein Mausklick auf *Erzeugen* legt dieses Verzeichnis dann als Datum_M42 an. Das Datum wird dabei im amerikanischen Format angegeben, also JJJJMMDD. Dahinein gehen alle Bilder, die während dieser Sitzung (bis zum beenden von darktable) gemacht werden.

Darunter kann man in der Kamerasteuerung einen Modus wählen. Von links nach rechts sind das: Einzelmodus, Serienmodus, Belichtungsreihenmodus. Darunter besteht die Möglichkeit eine

Verzögerung zwischen den Aufnahmen, die Anzahl der Aufnahmen die Anzahl der Belichtungen (bei Belichtungsreihen) und die Belichtungsschritte (bei Belichtungsreihen) einzugeben. In den Eigenschaften werden die aktuellen Einstellungen an der Kamera gezeigt. Ein Mausklick auf den Knopf **Bild(er) aufnehmen** löst die Kamera aus und macht entsprechend den Angaben eine einzelne Aufnahme, eine Serienaufnahme oder eine Belichtungsreihe. Alle Bilder erhalten das Datum im amerikanischen Format als Dateinamen, gefolgt von einem Unterstrich und der fortlaufenden Bildnummer.

Mit dieser Funktionalität ist darktable hervorragend geeignet, die für Astrofotografien so wichtigen Serienaufnahmen ohne Anwesenheit des Beobachters durchzuführen. Das ist insbesondere in kalten Winternächten sehr angenehm, wenn man nur gelegentlich überprüfen muss, ob alles mit rechten Dingen zugeht, man ansonsten aber sich in das gemütliche Wohnzimmer (oder Astrohütte) verholt.

# RawTherapee

## Warum RawTherapee?

Die Bilder auf dem Bildsensor der Kamera werden vom kamerainternen Prozessor bearbeitet, bevor sie als JPG-Dateien auf dem Speicherchip abgelegt werden. Die hierzu verwendeten Algorithmen orientieren sich an den Eigenschaften von Standardfotos. Aber Sie haben es sicher in den vorhergehenden Kapiteln bemerkt: Astrofotos sind alles andere als Standard. Deshalb sind auch noch so viele Nachbearbeitungsschritte erforderlich.

Weshalb also die Daten des Bildsensors nicht gleich direkt ohne Bearbeitung speichern und anschließend entsprechend unseren eigenen Erfahrungen nachbearbeiten? Genau das ist die Idee, die auch die professionellen Astrofotografen anwenden. Erstmal das direkte Sensorabbild speichern, dann individuell, unter Kontrolle am eigenen PC nachbearbeiten.

Dazu kommt, dass die Sensorbilder meist mehr Informationen enthalten, als in das JPG-Format hineinpassen. Meist verarbeiten die Sensoren 12, 14 oder sogar 16 Bit/Farbkanal. Also im Extremfall 3*16=48 Bit/Pixel. Im JPG-Format lassen sich aber nur 8 Bit/Farbkanal, also 3*8=24 Bit/Pixel speichern. Da geht sehr viel Information verloren, die gerade bei unseren lichtschwachen Objekten mit störendem Hintergrund zwischen gutem und schlechtem Bild unterscheidet.

Dieser Vorteil muss aber nicht den Profis mit ihren extrem teuren Astrokameras vorbehalten bleiben. Auch DSLR und Systemkameras bieten die Option, Sensorbilder ohne Bearbeitung zu speichern. Diese Art von Bildern kann man sich nicht einfach mit einem normalen Bildbetrachtungsprogramm ansehen. Mann muss sie erst "entwickeln" und in einem JPG-, PNG- oder TIFF-Format abspeichern. Man nennt das Format dieser Bilder sinnvollerweise RAW-Format (Deutsch: Rohformat). Jeder Kamerahersteller hat im Regelfall ein eigenes Dateikürzel für die RAW-Dateien. Bei Nikon tragen diese Dateien die Endung *.NEF, bei Olympus die Endung *.ORF.

Die meisten Kameras bieten die Möglichkeit, RAW-Bilder parallel zu kameraintern bearbeiteten JPG-Bildern abzuspeichern. Für die ersten Schritte mit RawTherapee ist das ein empfehlenswertes Verfahren. Falls man mit den RAW-Bildern nicht zurecht kommt, liegen die Bilder zusätzlich im vertrauten JPG-Format vor.

Für die Entwicklung gibt es viele Programme, RawTherapee ist eines der komfortabelsten und für unsere Zwecke sehr gut geeigneten Programms. Bei [24] ist eine deutsche Dokumentation erhältlich. Man entnimmt ihr einen großen Vorteil von RawTherapee gegenüber dem GIMP: Die Bildbearbeitung erfolgt mit Fließkommaarithmetik! Das bedeutet, dass bei der Berechnung der Bilder keine Rundungsfehler auftreten. Es geht keine Bildinformation durch hineinpressen des Bildinhaltes in die 8 Bit/Farbkanal verloren. Erst in dem entwickelten JPG-, PNG- oder TIFF-Bild erfolgt die Datenreduktion auf 8 Bit/Farbkanal (JPG) oder 16 Bit/Farbkanal (PNG, TIFF), wobei letzteres von GIMP beim einlesen wieder auf 8 Bit/Farbkanal reduziert wird.

Ab der Version 2.10 wird auch GIMP Bilder in beliebiger Präzision bearbeiten können. Inzwischen gibt es eine Vorabversion, die zwar als unstabil eingestuft wird, sich bei mir in der Praxis aber als sehr stabil erwiesen hat. Diese Version beschreibe ich anschließend in dem Kapitel „Hoch präzises GIMP" auf Seite 139.

Das Original RAW-Bild wird von RawTherapee dagegen nicht angetastet! Es wird lediglich eine Parameterdatei erzeugt, welche die bildbeeinflussenden Parameter speichert. Es geht bei der Benutzung von RawTherapee also niemals Information verloren, es sei denn der Benutzer löscht das Bild.

## Installation

RawTherapee ist für Mac, Windows und Linux downloadbar. Ich beschreibe die Installation unter Ubuntu LINUX 12.04. Die anderen Versionen sind auf vergleichbare Weise zu installieren.

Bei [23] findet man die entsprechenden ZIP-Archive, von denen man das passende herunterlädt, entpackt und installiert. Unter Ubuntu besteht die Möglichkeit, RawTherapee über den Software Manager installieren zu lassen, aber dann erhält man eine veraltete Version. Dennoch muss diese erst installiert werden, weil benötigte Bibliotheken mit installiert werden. Durch den Download bei [23] erhält man dann die neueste Version von RawTherapee. Nach dem Entpacken kann das Programm direkt ausgeführt werden. Für eine einfache Installation empfiehlt es sich, eine Verknüpfung zum Programm auf den Desktop zu legen. Hinweis: Im Startmenü ist immer noch die alte Version installiert.

## Arbeiten mit RawTherapee

Ich gehe davon aus, dass Sie, wie im Buch beschreiben, eine Serie von 10 mindestens Aufnahmen/Objekt gemacht haben, allerdings im RAW-Format. Dann gehen Sie wie folgendermaßen vor, um die Bilder für die Bearbeitung mit GIMP vorzubereiten (Vgl. Abbildung 72).

1. Starten Sie RawTherapee vom Desktop.
2. Aktivieren Sie den Reiter **Dateiverwaltung** oben links.

3. Öffnen Sie mit einem Maus-Doppelklick das Verzeichnis, in dem die zu bearbeitenden RAW-Dateien liegen. Die Dateien werden als Minibilder angezeigt.

4. Öffnen Sie das erste brauchbare Bild der Serie durch einen Doppelklick. Das Bild füllt das ganze mittlere Fenster aus. Auf der rechten Seite erscheinen die Kontrollleisten für die Bildentwicklung. Unter anderem erscheint ein Histogramm des Bildes.

5. Verändern Sie die Bildparameter so, dass ein für die Weiterverarbeitung in GIMP brauchbares Bild vorliegt. Es gehört etwas Fingerspitzengefühl dazu, die wichtigen Parameter richtig zu setzen. Hier hilft nur eigenes Probieren. Und zum Trost sei nochmals gesagt: Sie machen das RAW-Bild nicht kaputt! Das Originalbild bleibt bei ihren ganzen Manipulationen unverändert und alle Einstellungen können jederzeit wieder rückgängig gemacht werden.

6. Haben Sie eine Ihrer Meinung brauchbare Einstellung des Bildes gefunden, dann speichern Sie diese ab. Im rechten Teilfenster finden Sie das Icon **Profil speichern** (2. von links). Zusätzlich sollten Sie das Profil in den Zwischenspeicher kopieren. Von dort können Sie es schnell für die nächsten Bilder hervorzaubern.

7. Reihen Sie das Bild in die Warteschlange ein (mittleres Fenster unten Knopf mit den Zahnrädern oder [Strg+Q]). Alle Bilder in der Warteschlange werden später mit dem abgespeicherten Profil entwickelt und in anzeigbare JPG-, PNG- oder TIFF-Dateien kopiert. Die erforderlichen Schritte werden später erläutert.

8. Schliessen Sie das Bild durch Klick auf das Kreuz des Reiters mit dem Bildnamen am oberen Fensterrand.

9. Wiederholen Sie die Schritte 4-8 für alle brauchbaren Bilder der Serie. Das Einstellen der Bildparameter erfolgt aber für die nachfolgenden Bilder besonders einfach. Einfach das Profil aus dem Zwischenspeicher zurückholen (im rechten Teilfenster der rechte Knopf) und es sollte sofort eine brauchbare Version des Bildes entstehen. Schritt 6 kann

entfallen. Letztlich sollte die Warteschlange jetzt alle zu bearbeitenden Bilder enthalten.

10. Aktivieren Sie die Warteschlange durch Klick auf den Reiter oben am Fensterrand. Sie sehen alle zur Verarbeitung vorgesehenen RAW-Bilder im mittleren Fenster.

11. Stellen Sie den Speicherort ein. Empfehlung: Verwenden Sie die Vorlage. Dann werden die entwickelten Bilder im Unterverzeichnis **converted** des aktuellen Bildverzeichnisses gespeichert.

12. Wählen Sie das Bildformat des entwickelten Bildes. JPG-Bilder sind am weitesten verbreitet, werden aber komprimiert und damit von Speichervorgang zu Speichervorgang verschlechtert. TIFF-Bilder sind unkomprimiert und verlustfrei, nehmen wegen fehlender Kompression aber mehr Speicherplatz ein. Sie können auch in einem 16Bit/Pixel Modus (hochauflösend gespeichert werden. PNG-Bilder bieten das beste aus beiden Welten und stellen das heute gebräuchliche Bildformat nach JPG dar. PNG-Bilder können komprimiert oder unkomprimiert als 8Bit/Pixel oder 16Bit/Pixel gespeichert werden. Seitdem ich mit dem hoch auflösenden GIMP arbeite, speichere ich die Bilder ausschliesslich als nicht komprimierte 16Bit/Pixel PNG-Bilder.

13. Starten Sie die Verarbeitung durch Anklicken des entsprechenden Knopfes. Bild für Bild entsteht aus dem Original RAW-Bild und wird im angegebenen Verzeichnis abgespeichert. Nach erfolgter Speicherung wird das Original aus der Verarbeitungsliste (nicht von der Festplatte) entfernt.

Nach erfolgreicher Entwicklung einer Bilderserie, geht man den Ergebnissen mit GIMP und Fotoxx zu Leibe, wie weiter oben im Buch beschrieben.

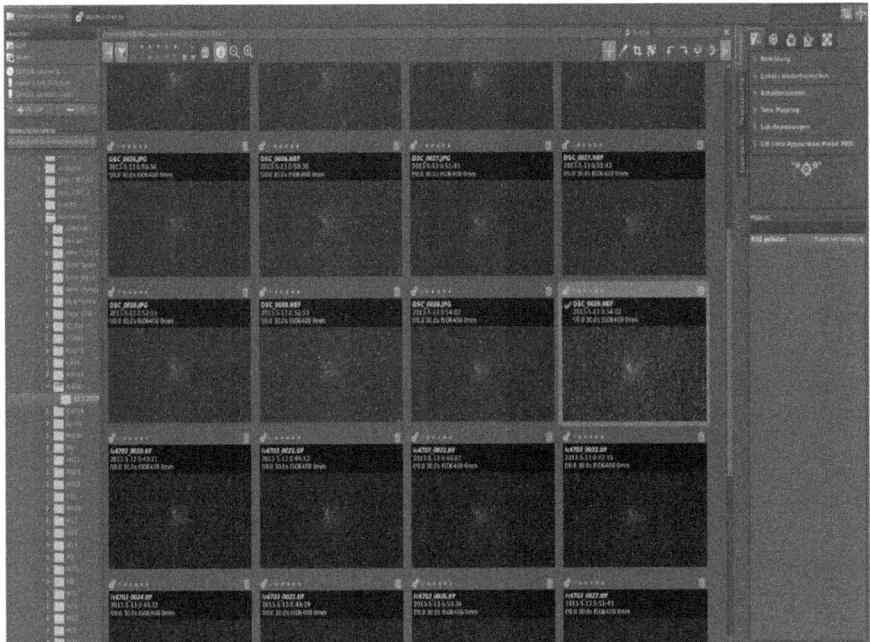

*Abbildung 72: Der Arbeitsbildschirm von RawTherapee. In der linken Spalte ist das Dateiverzeichnis zu sehen. Alle Dateien des gewählten Verzeichnisses werden im Mittelfenster als Vorschaudateien angezeigt. In der rechten Spalte werden die Bearbeitungsoptionen angezeigt.*

## Die wichtigsten Parameter für Astrofotografie

Für den Amateur unter lichtverseuchtem Himmel ist, wie beschrieben, die Hintergrundbeleuchtung das dominierende Problem. Dessen Reduktion ermöglicht der Parameter **Schwarzpegel**. Eine Anhebung des Schwarzpegels läßt den Bildhintergrund in Schwärze versinken. Technisch wird einfach ein bestimmter Grauwert von den Pixelwerten abgezogen.

Der zweite wichtige Parameter ist die **Tonwertkurve**. Wählt man die Einstellung **angepaßt**, erscheint zunächst eine Gerade, welche sich mittels Mausklick beliebig verformen läßt. Diese Gradiationskurve bestimmt dann den Helligkeitsverlauf und ermöglicht interessante Details des Bildes hervorzuheben.

Mit diesen beiden Parametern läßt sich zumindest die Grundbearbeitung der Bilder einfach vornehmen. Das Besondere an der Verwendung von RawTherapee im Vergleich zu GIMP ist die bereits erwähnte Gleitkommadarstellung der RAW-Bilder. Das bedeutet, dass die insbesondere in der Hintergrundhelligkeit verborgenen Bilddetails nicht durch Rundung verschüttet werden, sondern im RAW-Bild auch nach Abzug der Hintergrundhelligkeit noch vorhanden sind und durch Veränderung der Tonwertkurve herausgearbeitet werden können. Die anschliessende Entwicklung zu JPG- oder TIFF-Bildern zieht zwar wieder Rundungsfehler nach sich, aber diese beziehen sich auf die bereits verbesserten RAW-Bilder. D.h. als Astrofotograf kann man verbesserte Details erwarten, die dann mit GIMP aufsummiert werden können, wie oben beschrieben. Abbildung 73 zeigt ein Beispiel für die RAW-Entwicklung.

Im Histogramm werden die Werte der Messstelle angezeigt.

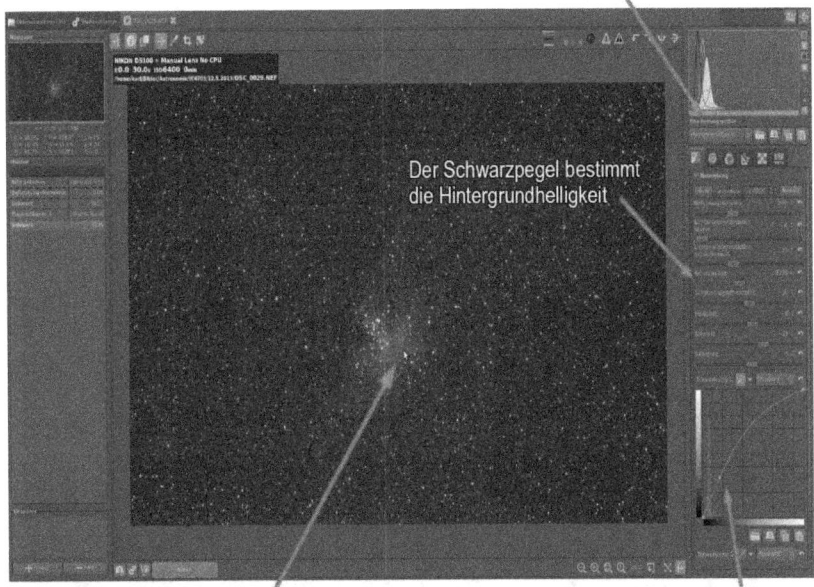

Der Schwarzpegel bestimmt die Hintergrundhelligkeit

Der Cursor markiert die Messstelle

Anpassung der Tonwertkurve

*Abbildung 73: Die Bildbearbeitung erfolgt im rechten Teilfenster. Ein Mausklick auf das Bild in der Mitte lokalisiert den Bildort, für den die Helligkeitswerte im Histogramm rechts oben angezeigt werden. Die Veränderung des Schwarzpegels verändert die Hintergrundhelligkeit, die Anpassung der Tonwertkurve vermag den Bildinhalt zu betonen.*

# Hoch präzises GIMP

Ab der GIMP Version 2.10 wird das, was ich hier beschreibe Standard sein. Ich bin normalerweise kein Freund unstabiler Software-Entwicklerversionen. Zu groß ist die Gefahr von unliebsamen Überraschungen. Aber der Wunsch nach hochpräziser Bildbearbeitung à la RawTherapee war einfach zu groß. Und so habe ich die Version 2.9.3 nach den bei [54] gefundenen

Anweisungen auf meinem UBUNTU Rechner installiert. Unter [55] findet man die entsprechenden Downloads für Windows und Mac.

Das schöne an dieser Version ist: Es bleibt alles beim Alten, ich brauchte also die Beschreibungen der vorherigen Kapitel nicht zu ändern. Werden die Bilder nach Entwicklung in RawTherapee als 16Bit-PNG (oder TIFF) Bilder abgespeichert und als PNG-Bilder in GIMP 2.9.x eingelesen, dann bleibt die Präzision (16Bit/Farbpixel) erhalten. Damit treten bei der anschliessenden Bildbearbeitung, insbesondere der Aufsummierung weniger Artefakte auf. Präzisionsfanatiker können die Präzision wie bei RawTherapee auf 32Bit-Floating-Point/Farbpixel heraufsetzen. Die 16Bit-Integer/Farbpixel Genauigkeit der PNG- oder TIFF-Bilder wird dann in 32Bit-Floating-Point/Farbpixel heraufgesetzt. Abbildung 74 zeigt die Einstellung der Präzision.

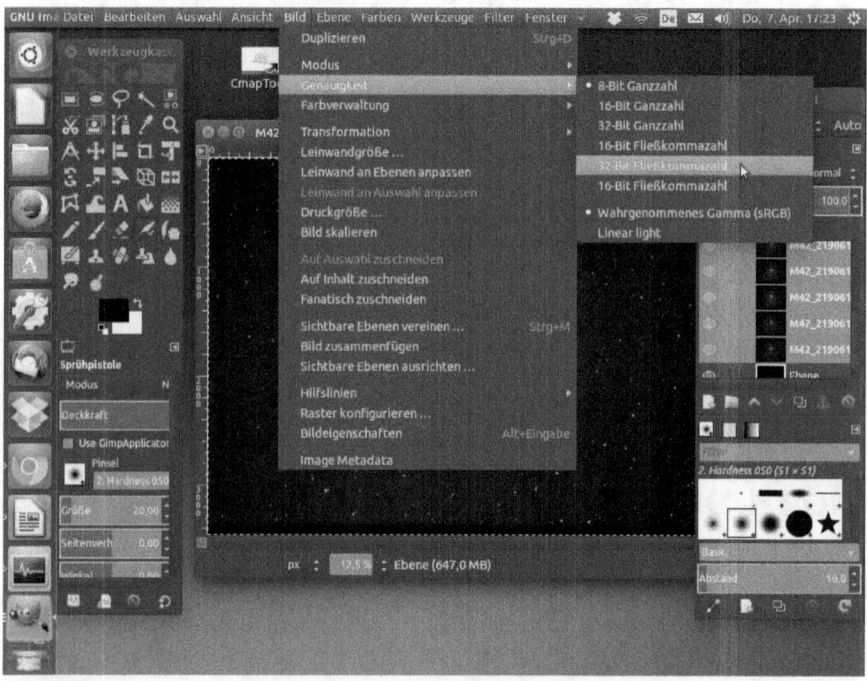

*Abbildung 74: Die Genauigkeit eines GIMP-Bildes kann bis auf 32Bit-Floating-Point/Farbpixel eingestellt werden. Liegen Bilder in niedrigerer Präzision vor wird interpoliert.*

In Abbildung 74 ist zu erkennen, dass das geladene Bild eine Präzision von 8Bit-Integer/Farbpixel besitzt. Wird nun eine höhere Genauigkeit gewählt, berechnet GIMP die Bildversion mit höherer Präzision per Interpolation. Besteht das Bild aus vielen Ebenen, werden alle Ebenen entsprechend umgerechnet. Am Ende des Umrechnungsprozesses steht das Bild mit der gewählten Präzision in allen Ebenen bereit. Natürlich hat das Verfahren Vor- und Nachteile.

Vorteile:

- Bei Bildbearbeitung werden die Helligkeitsstufen mit erheblich verbesserter Auflösung wiedergegeben. Im Histogramm erkennt man also keine breiten Lücken mehr, wie das bei heftiger Bildbearbeitung bei niedriger Präzision vorkommt.
- Wird das Ergebnis als JPG-Bild gespeichert, erfolgt eine Reduktion der Genauigkeit mittels Interpolation, in der das Histogramm ebenfalls keine Lücken erhält, die Farbübergänge also wie gewohnt weich erfolgen.

Nachteile:

- Die Erhöhung der Präzision führt zu erheblicher Erhöhung des Speicherbedarfs. Wenn das GIMP-Bild mehrere Ebenen erhält, sind Bilder in Gigabyte Größe durchaus möglich.
- Die Bearbeitung derartig voluminöser Bilddateien nimmt erheblich mehr Zeit in Anspruch.

# Maßnahmen zur Verbesserung der Nachführgenauigkeit

Die im ersten Teil vorgestellte Technik der Astroaufnahme basiert auf der hohen Empfindlichkeit der verwendeten Digitalkamera und der nachfolgenden Bildbearbeitung mit OpenSource Software, welche die Artefakte dieser Technik auszugleichen versucht. Zudem ist davon ausgegangen worden, dass die Fotografie unter dem lichtverseuchten Himmel einer Großstadt stattfindet, wo Belichtungszeiten von länger als 30s zu einer Überbelichtung des Himmelshintergrundes führen.

Wem die Qualität der damit erzielten Astrofotos nicht mehr ausreicht, der muss umdenken. Statt die hohe Empfindlichkeit der Kamera auszunutzen, muss der anspruchsvolle Fotograf die Empfindlichkeit in den unteren Bereich zurücksetzen und dafür die Belichtungszeit herauf setzen. Nun aber macht sich die mechanische Genauigkeit der Montierung bemerkbar:

- Wie gut ist die Montierung eingenordet? Wie genau also stimmen Himmelsnordpol und der Nordpol der Rektaszensionsachse überein?
- Wie genau folgt die Drehung der Rektaszensionsachse der Erddrehung? Das ist eine Frage der Motorregelung und der Präzision des Getriebes.

Im Regelfall lassen sich deshalb nur Belichtungszeiten unterhalb 30s realisieren, bei langbrennweitigen Teleskopen noch weniger. Wird die Empfindlichkeit der Kamera aber in den Bereich um ISO100 abgesenkt, sind Belichtungszeiten von vielen Minuten erforderlich, die dann auch noch zu Stunden aufsummiert werden können. Derartig lange Belichtungszeiten erfordern die Korrektur der oben genannten mechanischen Fehler. Um den ersten Fehler zu korrigieren, bieten moderne GOTO-Teleskop über den Polsucher hinaus eine elektronische Einnordung an [25]. Das klassische Verfahren des Astronomen Julius Scheiner ist dagegen so langwierig, dass es normalerweise nur für stationäre Montierungen angewendet wird. Leider ist dieses Verfahren aber auch das mit Abstand genaueste Verfahren.

Einen Kompromiss bietet eine Software unterstützte Variante des Scheiner Verfahrens an, bei dem ein Stern mittels Okularskala in einem Messokular (Siehe Abbildung 10 auf Seite 42) über ca. 10min verfolgt wird.

Der zweite Fehler wird durch zwei Verfahren weitgehend korrigiert werden.

Das einfachere Verfahren heißt „Korrektur des Getriebefehlers" (engl. Periodic Error Correction oder PEC). Eine gute Montierung verfügt über dieses Verfahren zum Ausgleich des Getriebefehlers.

Das zweite Verfahren namens „Nachführung", beseitigt zum Abschluß alle noch bestehenden Nachführfehler, zumindest für einen zentralen Stern.

Über beide Themen berichte ich in den folgenden Kapiteln.

# Einnordung mit dem Polsucherfernrohr

Wenn Polaris zu sehen ist, dann ist die Einnordung mittels Polsucherfernrohr das Standardverfahren (Siehe Kapitel Koordinaten am Himmel auf Seite 21). Hier nochmals in Übersicht die Einnordungsschritte:

1. Mit Stellarium, Kstars oder einer Handy-App wird die Position von Polaris im Sucherfernrohr dargestellt.
2. Durch drehen der Rektaszensionsachse der Montierung wird die Position des Markers im Polsucherfernrohr in Übereinstimmung mit der Position in der Software gebracht.
3. Durch drehen des Azimuthwinkels und des Höhenwinkels der Montierung (rechts/links bzw. oben/unten) wird Polaris in den Marker im Polsucherfernrohr gebracht.

Dieses Standardverfahren führt schnell und hinreichend genau zu einer brauchbaren Einnordung (Ausrichtung der Rektaszensionsachse auf den Himmelsnordpol) der Montierung.

## Elektronische Einnordung

Ist Polaris nicht zu sehen, hilft die elektronische Einnordung. Diese Technik setzt voraus, dass in der GOTO-Montierung eine entsprechende Software-Routine vorhanden ist. Beispiele solcher Montierungen sind die Celestron CGEM [26], oder die Meade LX850 Montierung [27]. Da diese Methode auch dann sehr genaue Einnordung verspricht, wenn Polaris von der Beobachtungsposition aus nicht zu sehen ist, ist ihnen vor allem bei reisenden Astrofotografen und Balkonbeobachtern große Aufmerksamkeit sicher. Und weitere Produzenten werden mit ähnlicher Technik auf den Markt kommen.

Bei diesen Montierungen wird zunächst eine grobe Einnordung vorgenommen. Dann wird das Teleskop an Hand bekannter Sterne kalibriert. Danach wird ein Stern zur Einnordung ausgewählt. Das GOTO-Teleskop fährt den Stern an, er sollte im Okular zu erkennen sein. Mit der Handsteuerung fährt man den Stern in die Mitte des Okulars. Nach der Bestätigung der Ausrichtung fährt das Teleskop dann die Stellung an, wo der Stern bei korrekter Einnordung zu sehen sein müsste. Nun muss erneut der Stern in den Mittelpunkt des Okulars gebracht werden. Diesmal allerdings wird die Handsteuerung nicht benutzt. Statt dessen wird die Montierung azimutal und per Höhenverstellung manuell bewegt, bis sich der Stern wieder im Zentrum des Okulars befindet. Die Höhenverstellung und die azimutale Verstellung wird festgezogen und die Rektaszensionsachse ist sehr präzise eingenordet.

Nun wird die Montierung erneut kalibriert und kann für Langzeitaufnahmen eingesetzt werden.

## Einnordung nach dem Scheiner Verfahren

Die Beschreibung beschränkt sich auf die Nutzung des „Scheiner Calculator" genannten Applets [47], welche auch im Feld eine akzeptable Zeit für die Einnordungsprozedur ermöglicht. Dieses Verfahren bietet sich als Alternative zur Einnordung an, wenn die Montierung nicht über eine elektronische Einnordungssoftware verfügt. Sie gehen in zwei Schritten vor: Zunächst korrigieren Sie die Azimutaufstellung (Rechts-Links), dann korrigieren Sie die Einstellung der Polhöhe (Rauf-Runter).

*Korrektur des Azimutwinkels*

Sie suchen sich einen Stern in der Nähe des Meridians (Nord-Süd-Kreis) mit etwa 45° über dem Horizont. Diesen Stern stellen Sie auf die lineare Achse Ihres Meßokulars. Dann lassen Sie die Montierung ca. 10min frei laufen. Anschliessend messen Sie die Abweichung des Sterns auf der Skale ihres Meßokulars (star drift). Dann rufen Sie die App „Scheiner Calculator" auf (Abbildung 75). Dort tragen Sie die nördliche Breite ihres Aufenthaltsortes ein. Besitzt Ihr Androidgerät einen GPS-Sensor, ist dieses Feld korrekt voreingestellt. Dann geben Sie die Deklination des Sterns im Meßokular ein. Am einfachsten erhalten sie diese durch Stellarium, Kstars oder die Handsteuerung der Montierung, wenn diese die Koordinaten des aktuellen Sterns ausgeben kann. Alternativ ermöglicht die App auch die Benutzung des im Androidgerät eingebauten Lagesensors. Anschliessend geben Sie die Laufzeit in Minuten und die Sternendrift in Skalenteilen an.

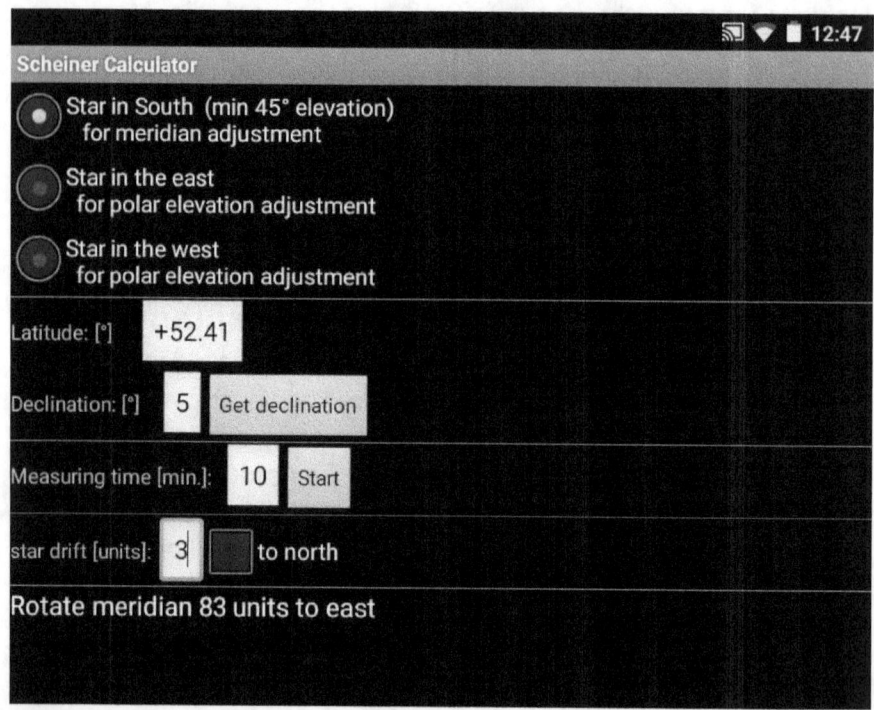

Abbildung 75: Azimutale Ausrichtung der Montierung mit der App "Scheiner Calculator".

Betrachtet wird ausschließlich die Drift in Rektaszension. Eine Abweichung in Deklination ist uninteressant. Wichtig ist noch die Angabe, ob die Sternendrift nach Norden oder Süden erfolgte. Diese Angabe aus der Sternendrift ist nicht ganz einfach. Nach Norden driftet der Stern, wenn er sich Richtung Nordpol, also nach „oben" bewegt. Das gilt aber nur, wenn das Okular den Sternenhimmel aufrecht und seitenrichtig darstellt. Die normale Fernrohransicht ist dagegen seitenverkehrt (Rechts-Links und Oben-Unten vertauscht). Wird das Okular durch ein 90°-Winkelspiegel betrachtet, liegt nur noch eine Rechts-Links-

Vertauschung vor, Oben-Unten ist dagegen richtig dargestellt. Abbildung 76 versucht diesen Sachverhalt zu klären.

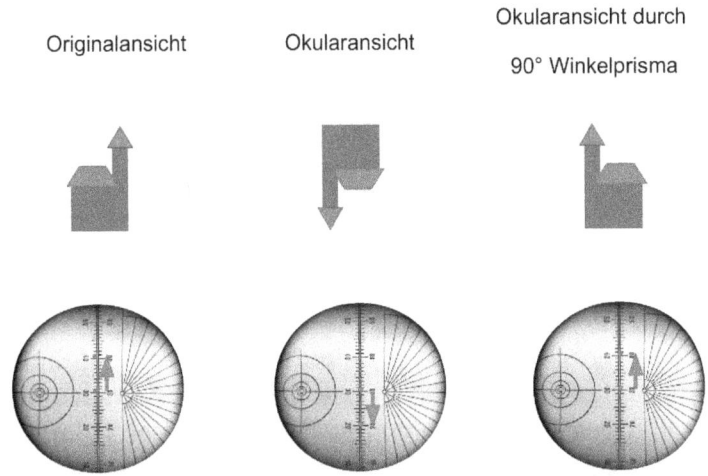

Originalansicht          Okularansicht          Okularansicht durch
                                                90° Winkelprisma

Sternendrift um 10 Skalenteile (Skt) nach Nord

*Abbildung 76: Die Sternendrift in der Okularansicht hängt davon ab, wie der Stern beobachtet wird.*

Wandert der in Südrichtung angepeilte Stern nach oben, bewegt er sich in Richtung Nord. Betrachtet man den Stern durch ein seitenrichtiges, aufrechtstehendes Okular (z.B. mit einem Amici Prisma), dann ergibt sich das linke Bild in Abb. 76 (Originalansicht, so als würde man den Stern ohne Sehhilfe betrachten).

Im Regelfall betrachtet man den Stern aber durch ein Okular am Teleskop, welches seitenverkehrt und umgekehrt darstellt (Okularansicht in Abb. 76). Dann bewegt sich der Stern nach unten im Okular, wenn er sich Richtung Norden bewegt.

Meistens verwendet man ein 90° Winkelprisma um den Stern bequem zu betrachten. Das Bild ist nun aufrecht aber seitenverkehrt (Rechtes Teilbild in Abb. 76). Nun bewegt sich der Stern wieder nach oben, wenn er sich Richtung Nord bewegt.

Die Anzahl Skt, die er sich nach Nord oder Süd bewegt wird in die App eingetragen, ebenso wie die Zeitdauer der Beobachtung (Abb.

75). Als Ergebnis erhält man die Skt, um die der Stern im Okular verschoben werden muß, wenn die Montierung azimutal nach Osten oder Westen gedreht wird. In Abb. 75 wird die Drehung der Montierung um 83 Skt in Richtung Ost berechnet. Dazu wird das Nordende der Montierung solange nach Osten gedreht, bis der Stern um 83 Skt im Okular gewandert ist. Notfalls müssen Sie die Bewegung stückeln, wenn die Skala weniger als 83 Skt zeigt. Also z.B. um 20 Skt drehen, mit dem Handkontroller den Stern ans Ende der Skala bewgen, die Montierung erneut um 20 Skt drehen und so weiter.

*Korrektur der Polhöhe*

Nun suchen wir einen Stern im Osten oder Westen auf und klicken in der App auf „Star in the east" oder „Star in the West" (Abb. 75). Die Eingaben gleichen denen für die Einstellung des Azimutwinkels, diesmal aber ist entsprechend den Berechnungen die Polachse zu heben oder zu senken, bis der Stern im Okular die berechnete Skt verschoben ist.

Der Vorteil dieses Verfahrens besteht darin, dass dieselbe Skala im Okular für die Messung der Drift wie für die Korrektur verwendet wird. Nach der Korrektur beider Achsen sollte die Polachse der Montierung (Rektaszensionsachse) besser ausgerichtet sein. Der Nachteil des Verfahrens ist trotzdem immer noch die benötigte Zeit. Mindestens 10min Messzeit für Azimut und Polhöhe summieren sich leicht zu 30min Gesamtzeit auf. Statt dessen sind Polsucher und elektronische Einnordung in gut 10min zu schaffen.

# PEC Training

Eine weitere Methode, die Synchronisation von Erddrehung und Drehung um die Rektaszensionsachse zu verbessern, besteht in der Korrektur des periodischen Schneckenradfehlers (Periodic Error Correction, PEC). Der Antrieb der Rektaszensionsachse erfolgt bekanntlich über ein Getriebe. Wie jedes Getriebe hat auch dieses Herstellungsfehler oder wurde durch falsche Bedienung verletzt. Als Ergebnis weicht die Nachführung der Rektaszensionsachse vom Ideal ab. Und da das Getriebe bei jeder Umdrehung die Fehler wiederholt, schwankt der Antrieb periodisch: Mal vorauseilend, mal nachzügelnd.

Eine gute Montierung bietet daher die Möglichkeit einer PEC-Korrektur. Zuerst wird die Montierung trainiert, dann die trainierte Korrektur abgespeichert und anschließend bei jedem Gebrauch der Montierung wieder eingespielt. Man muß die PEC also nur einmal sorgfältig trainieren, und kann sie dann immer wieder anwenden.

Beim Training wird ein beliebiger Stern angefahren und in einem möglichst stark vergrößerndem Fadenkreuzokular zentriert. Dann beginnt der Lernvorgang und der Stern wird für ca. 8min (abhängig von der Montierung) mit den Tasten für die Rektaszensionsachse in der Mitte des Fadenkreuzokulars gehalten. Nach Ablauf einer vollen Umdrehung des Schneckenrades des Getriebes wird die Korrekturkurve abgespeichert und kann nun jederzeit wieder aufgerufen werden. Bevor man ein PEC-Training beginnt, sollte allerdings die Einnordung der Montierung so sorgfältig wie möglich vorgenommen werden.

## Leitrohrnachführung

Trotz der verbesserten Ausrichtung ist die Belichtungszeit auf meist ein bis zwei Minuten begrenzt. Wer Astroaufnahmen mit niedriger ISO-Empfindlichkeit vornehmen will, benötigt die Technik der Nachführung. Das Prinzip ist so alt wie die Astrofotografie selbst: Ein zweites Teleskop, welches gegenüber dem Fototeleskop leicht verdreht angeordnet wird, damit ein heller Stern, der Leitstern, im Okular erkennbar ist, wird mit einem beleuchteten Spezialokular, dem Nachführokular (siehe Abbildung 10 auf Seite 42), ausgestattet, dessen Ringsystem die Verfolgung des Leitsterns ermöglicht. Sobald der Leitstern das Ringsystem des Nachführokulars verläßt, bewegt man mit der Handsteuerung den Leitstern wieder in das Zentrum des Nachführokulars und hat damit eine Verwacklung der Langzeitaufnahme verhindert. Das ist ein langwieriges und Geduld und Zartgefühl erforderndes Verfahren.

Im Zeitalter von Digitalkameras und Computern bietet es sich an, die schwierige Nachführung einer Kombination aus Computer und Digitalkamera zu überlassen, welche in die Motorsteuerung der

GOTO-Montierung eingreift. Abbildung 77 zeigt das Blockschaltbild der normalen GOTO-Steuerung.

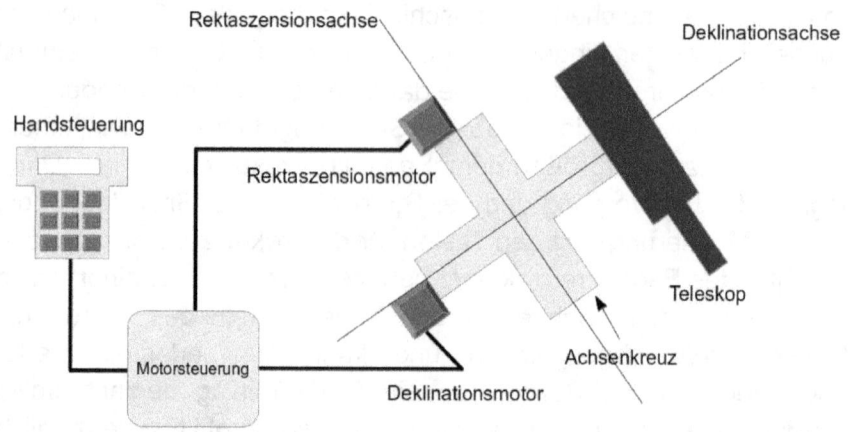

*Abbildung 77: Blockschaltbild einer GOTO-Steuerung.*

In der Handsteuerung wird das gesuchte Objekt ausgewählt, die Motorsteuerung steuert die Motoren der Rektaszensionsachse und der Deklinationsachse und schwenkt die Montierung auf die Position des eingestellten Objekts, welches jetzt im Teleskop zu sehen ist. Der Rektaszensionsmotor wird nun so gesteuert, dass er die Erddrehung kompensiert. Um nun noch die Nachführung einzuführen, wird ein Hilfsteleskop, das Nachführteleskop oder Leitteleskop, hinzugefügt, welches den Leitstern anvisiert (Abbildung 78).

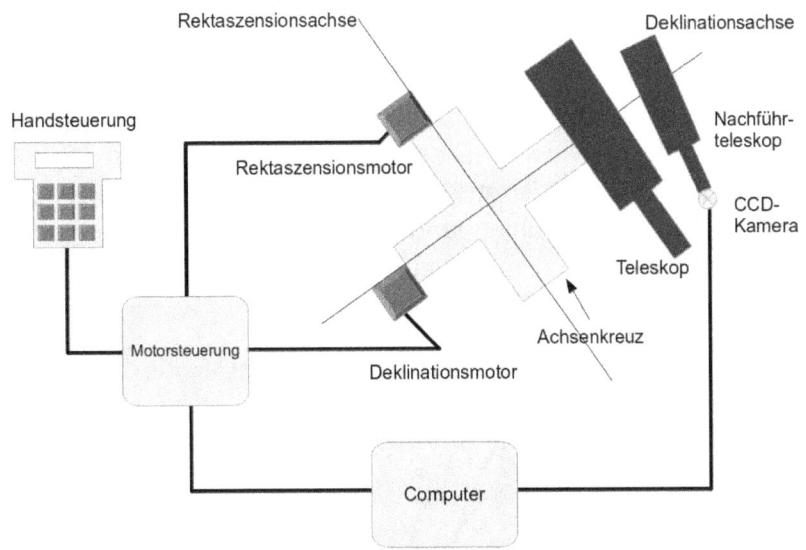

*Abbildung 78: Mit Hilfe des Nachführteleskops, einer CCD-Kamera und eines Computers wird eine automatische Nachführung realisiert.*

Die CCD-Kamera (Leitkamera) nimmt ein Bild eines hellen Nachführsterns auf. Der Computer misst die Position des Sterns auf dem Sensor und speichert diese Information ab. Die Leitkamera nimmt nun kontinuierlich Bilder des Leitsterns auf. Der Computer wertet die Lage des Leitsterns auf dem Sensor aus und greift in die Motorsteuerung derart ein, dass der Leitstern stets an der selben Stelle auf dem Sensor der CCD-Kamera liegt. Im Idealfall kann dann durch das Teleskop mit beliebig langer Belichtungszeit fotografiert werden.

## Off Axis Guiding

Das Leitteleskop und das Fototeleskop sollten vergleichbare Dimensionen besitzen. Aber der Aufwand ist beträchtlich. Das Leitteleskop muss gegenüber dem Fototeleskop verschiebbar sein, denn in der Nähe des zu fotografierenden Objekts ist möglicherweise kein heller und damit geeigneter Stern für die Nachführung auffindbar. Zusammen mit dem eigentlichen Fototeleskop verdoppelt sich damit annähernd die Belastung für die tragende Montierung. Aus diesem Grund haben sich Astronomen einen Trick einfallen lassen, bei dem das Fototeleskop selbst als Leitteleskop benutzt wird. Diese Methode nennt man „Off Axis Guiding". Bei diesem Verfahren erhält die Nachführkamera ihr Bild über ein in den Strahlengang des Fototeleskops eingefügtes Prisma, welches ein Strahlenbündel aus dem Teleskop für die Leitkamera herausführt (Abbildung 79).

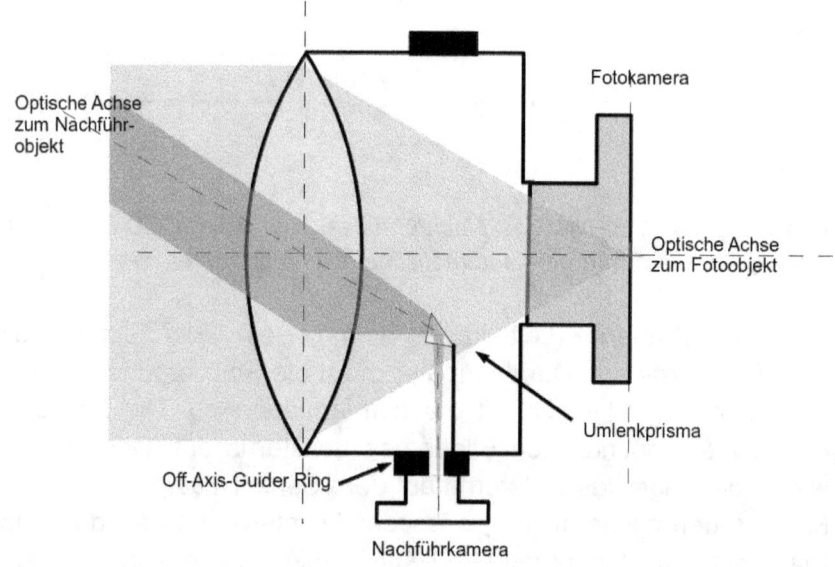

*Abbildung 79: Ein Prisma leitet einen Lichtbündel aus dem Fototeleskop auf den Sensor der Nachführkamera.*

Dieses Verfahren hat den Vorteil, dass dieselbe Optik für die Nachführung wie für das Foto verwendet wird. Damit wird jede Abweichung pixelgenau von der Nachführkamera registriert und von dem Nachführcomputer ebenso pixelgenau kompensiert. Der

Nachteil ist eine begrenzte Sicht auf mögliche Leitsterne und eine umständliche Fokussierung, bei welcher der Fokus der Fotokamera genau so weit  von der Hauptlinse des Teleskops liegt, wie der Fokus der Nachführkamera.

Eine weitere Überlegung ist, wie die Signale der Nachführkamera verarbeitet werden sollen. Dies kann entweder ein PC (Laptop) übernehmen, oder ein auf die CCD speziell angepasster Computer, der unabhängig vom Laptop oder PC die Steuerung übernimmt. Meine Erfahrung sagt: Mit einem eigenen Steuercomputer, also Kamera und Computer, alles aus einer Hand, gelingt die Nachführung einfacher, als mit einem normalen Laptop oder PC.

# Sonnenfotografie

Im Kapitel Juristisches und Warnungen auf Seite 14 habe ich ausdrücklich davor gewarnt, direkt die Sonne zu fotografieren. Dennoch gibt es Fotografien der Sonne. Wie verträgt sich also die Warnung mit dem Thema?

Die physikalische Begründung für die Warnung liegt darin, dass die Sonne eine enorm energiereiche Lichtquelle ist. Betrachtet man Sie durch ein Teleskop, wird die Lichtenergie aber genau so stark gebündelt, wie das Licht schwacher Sterne. Was beim Betrachten der Sterne erwünscht ist, führt beim Betrachten der Sonne zur sofortigen Erblindung. Deshalb wiederhole ich die Warnung:

Niemals direkt in die Sonne sehen oder fotografieren!

Wer also die Sonne betrachten oder fotografieren will, muss deren Energiefluss (Helligkeit) reduzieren. Dazu verwendet der Fotograf Filter. Aber Achtung: Das Filter muss an der richtigen Stelle angebracht werden. Und dafür gibt es nur eine Stelle: Vor dem Objektiv des Teleskops, bevor also das Sonnenlicht in das Teleskop eintritt (Abbildung 80). Derartige Filter aus Glas gibt es für einige Teleskope zu kaufen. Alternativ gibt es Sonnenfilterfolie, die um das

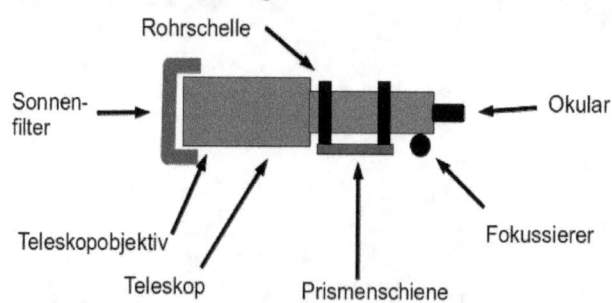

*Abbildung 80: Das Sonnenfilter muss vor dem Teleskopobjektiv angebracht sein.*

Teleskopobjektiv herum gelegt werden kann und dann mit Gummibändern befestigt werden kann. Ganz wichtig ist dabei, dass sich das Filter während der Beobachtung (Fotografie) nicht lösen kann. Löst sich das Filter während der Beobachtung, wäre die Folge die sofortige Erblindung (bzw. Zerstörung der Kamera bei Fotografie).

Es gibt spezielle Sonnenteleskope, bei denen diesem Problem konstruktiv begegnet wurde. Sie sind teuer, sehr gut und haben alle Sicherheitsmassnahmen integriert. Dazu kommt die Verwendung spezieller, abstimmbarer Filter, mit denen die einzelnen Komponenten der Sonnenoberfläche kontrastreich abgebildet werden können:

- Sonnenflecken,
- Fackeln,
- Granulation.

Sonnenfotografie ist wegen dieses Aufwandes ein teures Spezialgebiet der Astrofotografie.

Mit einem einfachen Sonnenfilter vor dem Teleskopobjektiv können immerhin schon Sonnenflecken fotografiert werden. Gelegentlich bieten sich besondere astronomische Ereignisse zur Beobachtung der Sonne durch ein Sonnenfilter an.

Wenn die Venus als innerer Planet vor der Sonne vorbeizieht, spricht man von einem Venustransit. Hierbei kann der etwa erdgroße Planet vor der Sonne eine Vorstellung von der riesigen Größe der Sonne geben. Allerdings ist der Vorgang selten, der nächste Venustransit erfolgt erst im Jahre 2117. Der Venustransit im Jahre 2004 fand mittags bei herrlichem Sonnenwetter statt und wurde durch das ETX90 mit vorgesetztem Sonnenfilter fotografiert (Abbildung 81).

*Abbildung 81: Der Venustransit vom 8.6.2004 durch das ETX90 mit vorgesetztem Sonnenfilter fotografiert.*

Ein anderes, häufigeres Ereignis ist der Merkurtransit. Der Merkur ist wie die Venus ein innerer Planet, kann sich also im Laufe der Zeit zwischen Sonne und Erde begeben. Die Abbildung 83 zeigt den Merkurtransit vom 7.5.2003 wieder durch das ETX90 mit vorgesetztem Sonnenfilter fotografiert.

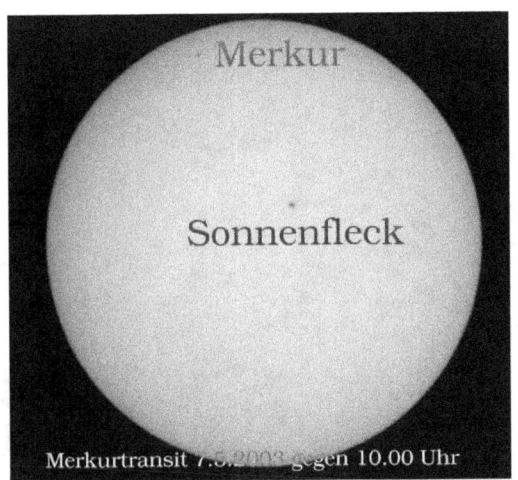

Abbildung 82: Der Merkurtransit vom 7.5.2003 durch das ETX90 mit vorgesetztem Sonnenfilter fotografiert.

Der kleine Merkur ist gegenüber dem riesigen Sonnenfleck kaum zu erkennen.

Besondere Ansprüche stellt die Fotografie einer totalen Sonnenfinsternis: Die Helligkeit der Sonne nimmt während der totalen Abdeckung sehr stark ab und kann dann (und nur dann!!!) ohne Filter vor dem Teleskopobjektiv fotografiert werden. Der Anfang der Bedeckung wird also noch mit vorgesetztem Sonnenfilter fotografiert, welcher bei vollständiger Bedeckung entfernt wird, damit die lichtschwache Korona und die Protuberanzen erkennbar werden. Abbildung 83 zeigt die Sonnenfinsternis von 1999, noch auf analogem Kleinbildfilm durch das ETX90 ohne Sonnenfilter fotografiert.

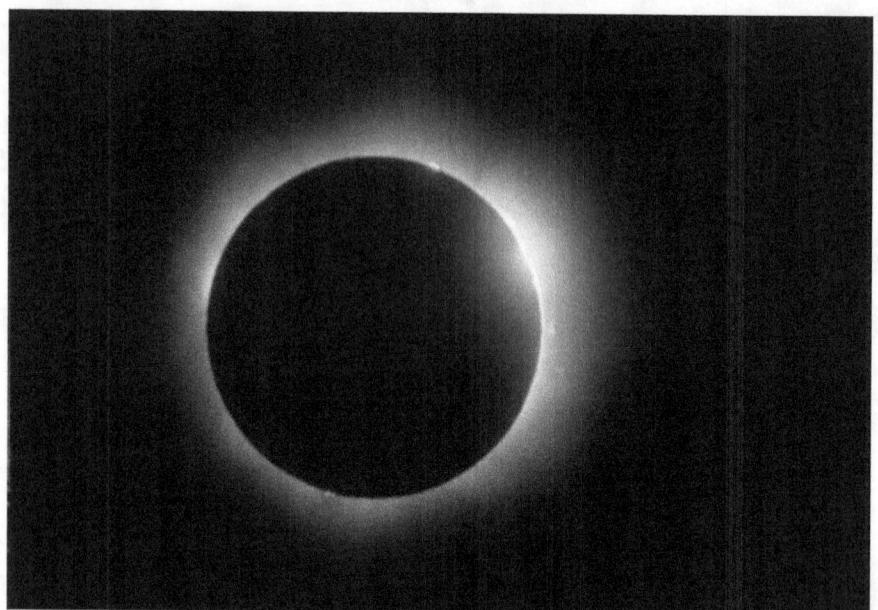

*Abbildung 83: Die Sonnenfinsternis von 1999 durch das ETX ohne Sonnenfilter auf analogem Kleinbildfilm fotografiert.*

Man erkennt die strahlenförmige weiße Korona und die roten Protuberanzen.

Leider ist auch die totale Sonnenfinsternis ein seltenes Ereignis, aber wer reisefreudig ist, kann eine Sonnenfinsternis häufiger an anderen Orten als in Mitteleuropa erleben. So ist z.B. im Jahr 2015 eine Sonnenfinsternis immerhin in der unmittelbaren Nachbarschaft, auf den Färöer Inseln zu beobachten, falls dort das Wetter mitspielt.

# Verwendung von astronomischen Filtern

Das Sonnenfilter vor dem Teleskopobjektiv haben wir bereits kennengelernt. Die Aufgabe des Sonnenfilters bestand in der Reduktion der Helligkeit der Sonne zum Schutz der Optik und des Auges.

Ein anderes Anwendungsgebiet von Filtern ist die Bekämpfung der Lichtverschmutzung, dessen nachträglicher Reduktion ja ein Großteil des Buchinhalts gewidmet ist.

Um den Vorteil des Einsatzes von Filtern zu verstehen, ist vielleicht zunächst ein kurzer Einstieg in die Theorie der Lichtentstehung nötig. Es gibt nämlich zwei Arten von Lichterzeugern:

- Glühende Festkörper.
- Ionisierte oder angeregte Atome und Moleküle (Gase).

Die klassischen Lichtquellen in unserer Umgebung waren früher allesamt glühende Körper (Ruß in der Flamme von Kerzen, Fackeln und Petroleumlampen, Glühlampen ...), bis die Leuchtstoffröhre (inkl. Sparlampen), die Gasentladungslampen, Laser und LED's die Welt erhellten. Solange die glühenden Körper für unser Licht sorgten, brauchten sich die Astronomen keine Gedanken über die Lichtverschmutzung zu machen. Zu gering war die Lichtausbeute der Leuchtmittel. Die Ursache hierfür liegt in dem Planck'schen Strahlungsgesetz, welches die Abstrahlung der einzelnen Lichtfarben, kurz das Spektrum des abgestrahlten Lichtes beschreibt (Gleichung 1).

Dieses Gesetz beschreibt die Strahlungsleistung eines Körpers der Temperatur T (in Kelvin) bei der Wellenlänge (Farbe) $\lambda$ (in Metern oder Nanometern nm), die von der Flächeneinheit dA (in m²) im Wellenlängenbereich d $\lambda$ (in nm) abgestrahlt wird. [I]Die physikalischen Grundlagen dieser Gleichung zu erklären

$$M_\lambda^0\left(\lambda, T\right) = \frac{2 * \pi * h * c^2}{\lambda^5 * \left( e^{\left( \frac{h*c}{\lambda * k * T} \right)} - 1 \right)} * dA * d\lambda$$

*Gleichung 1: Das Planck'sche Strahlungsgesetz.*

überschreitet den Themenbereich dieses Buches bei weitem. Viel leichter ist aber das Spektrum zu erklären, welches einfach als Graph der obigen Gleichung erscheint (Abbildung 84).

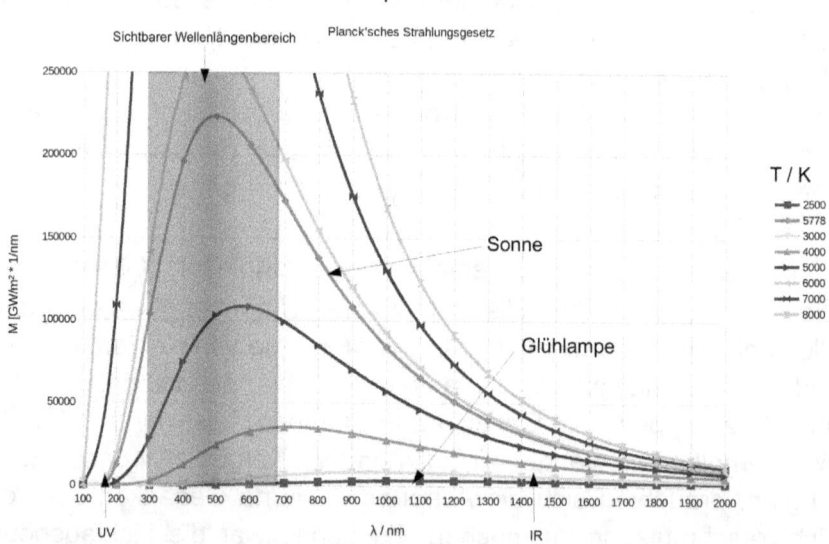

*Abbildung 84: Spektrum von Wärmelichtquellen nach dem Planck'schen Strahlungsgesetz.*

Man erkennt einige Eigenschaften des Lichts von Wärmequellen:
- Das Licht besteht aus einem kontinuierlichen Farbspektrum.
- Nur ein Bruchteil der Lichtmenge einer Glühlampe wird im sichtbaren Farbbereich (Wellenlängenbereich) abgestrahlt.
- Die Sonne strahlt das Maximum an Lichtenergie im Grünen Farbbereich ab, dem Bereich, in dem das menschliche Auge am empfindlichsten ist (Da schau her!).

Solange Wärmelichtquellen in der Anwendung dominierten, brauchte man also eigentlich keine Angst vor Lichtverschmutzung zu haben. Der zweite Mechanismus von Lichtemission beruht aber auf atomaren und molekularen Energieänderungen, bei dem nur eine einzige Wellenlänge (Farbe) ausgesandt wird. Das entsprechende Atom- oder Molekülspektrum ist deshalb nicht mehr kontinuierlich sondern linienförmig, d.h. es wird nur Licht einiger weniger Farben, also ganz bestimmter Wellenlängen, ausgestrahlt. In Abbildung 85 sind die abgestrahlten Wellenlängen (Lichtfarben) von Quecksilberdampflampen und Natriumdampflampen zu sehen, wie sie heute zur Straßenbeleuchtung und Beleuchtung von Gebäuden eingesetzt werden und damit zur Lichtverschmutzung beitragen.

Man erkennt, dass nur wenige Farben beteiligt sind. Das erklärt auch den Farbcharakter derartiger Metalldampflampen: Quecksilberlampen (Hg) strahlen ein bläuliches Licht ab, Natriumdampflampen (Na) ein gelbes Licht. Der Vorteil dieser Lampen, ihre große Helligkeit, ist, zusammen mit der Anwendungsart Gebäude- und Straßen-beleuchtung, für den Astronomen auch ihr Nachteil.

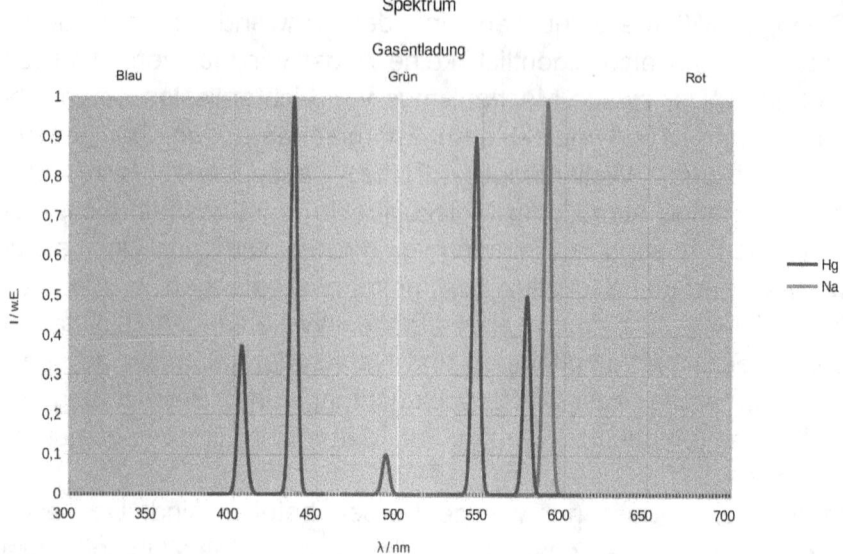

*Abbildung 85: Das Lichtspektrum moderner Dampflampen besteht nur aus einigen Wellenlängen (Lichtfarben). Heute finden Quecksilber- und Natrium-Dampflampen Anwendung (Schematische Darstellung).*

Dem kann man allerdings entgegenwirken, wenn man Filter einsetzt, die nur speziell diese Spektrallinien herausfiltern und das übrige Licht ungehindert durchlassen. Abbildung 86 zeigt ein idealisiertes Clear-Sky-Filter (CLS), welches das Licht von Hg- und Na-Dampflampen sperrt.

Dieses Filter verfälscht natürlich den Farbeindruck, weil auch aus dem Licht der zu fotografierenden Objekte diese Lichtfarben herausgefiltert werden. Aber natürlich können wir mit der Bildbearbeitung und entsprechender Kameraeinstellung dieser Farbverfälschung entgegenwirken.

In der Praxis sehen Bilder durch ein CLS-Filter fotografiert stark blaustichig aus. Deshalb helfen folgende Gegenmaßnahmen:

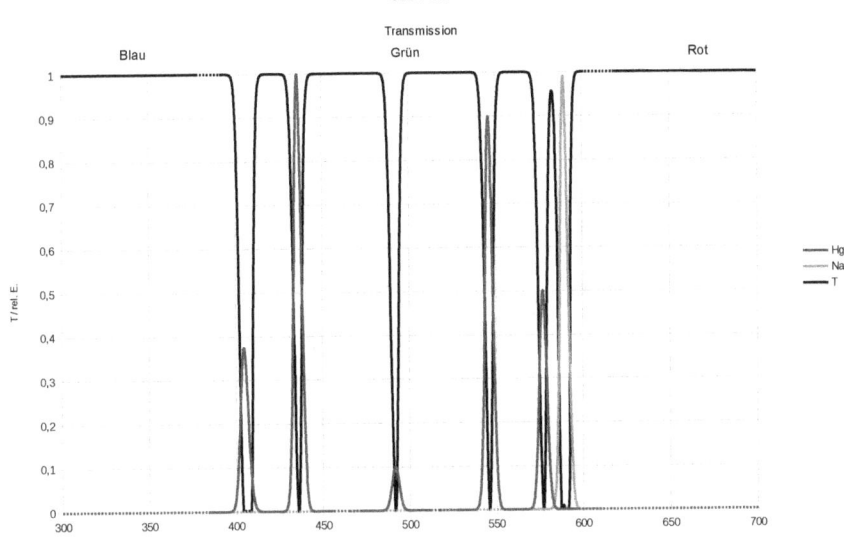

*Abbildung 86: Durchlassspektrum (Transmission) eines CLS-Filters (idealisiert). T=1 lässt das Licht ungehindert durch, T=0 sperrt das Licht vollständig.*

- Während der Aufnahme den Weissabgleich der Kamera (engl.: White Balance) auf eine möglichst hohe Farbtemperatur stellen. Damit wird der Kamera signalisiert, dass das zu erwartende Bild blaustichig ist und die Kamera versucht den Blaustich durch Anheben des Rotkanals im Bild auszugleichen. Normalerweise ist ca. 7000K, Aufnahme im Schatten, die Einstellung mit der höchsten Farbtemperatur.
- Nach der Aufnahme in allen Bildern durch Verstärken des Rotkanals für den korrekten Weißabgleich sorgen.

Abbildung 87 zeigt den entsprechenden Einstellregler bei RawTherapee.

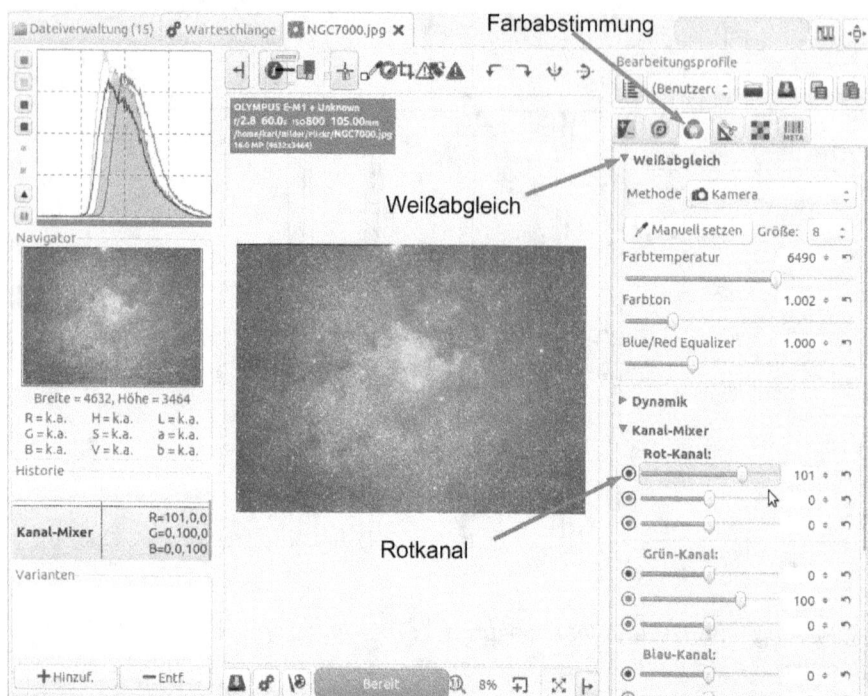

*Abbildung 87: Der Ausgleich der Farbabstimmung in RawTherapee erfolgt im Reiter Farbabstimmung, Unterabschnitt Weißabgleich. Der Regler für den Rotkanal wird so abgestimmt, dass das Bild ohne Farbstich erscheint.*

Das in Abbildung 87 gezeigt Bild des Nordamerikanebels NGC7000 wurde im eigenen Garten mit einem CLS-Filter vor einem 105mm Teleobjektiv an einer Olympus E-M1 Kamera aufgenommen, die auf 7000K Farbtemperatur eingestellt war. Die anschließende Farbabstimmung mit RawTherapee ergab in der Umgebung einen farbneutralen Hintergrund und ließ den roten Gasnebel schön hervortreten. Das Bild findet sich auch in den Beispielaufnahmen bei [2] und in meinen Alben bei Flickr [35].

Bemerkenswert an der oben dargestellten Aufnahme von NGC7000 ist die Tatsache, dass der Nebel normalerweise nur unter extrem dunklem Himmel zu sehen ist. Der CLS-Filter kann also durchaus in lichtverseuchten Umgebungen hilfreich sein. Allerdings erzwingt er eine erhebliche Verlängerung der Belichtungszeit, zusätzlich zu den Farbverschiebungen, die wie beschrieben korrigiert werden können.

Abbildung 88 zeigt, wie ein CLS-Filter als 2" Okularfilter in den Strahlengang eingebracht wird.

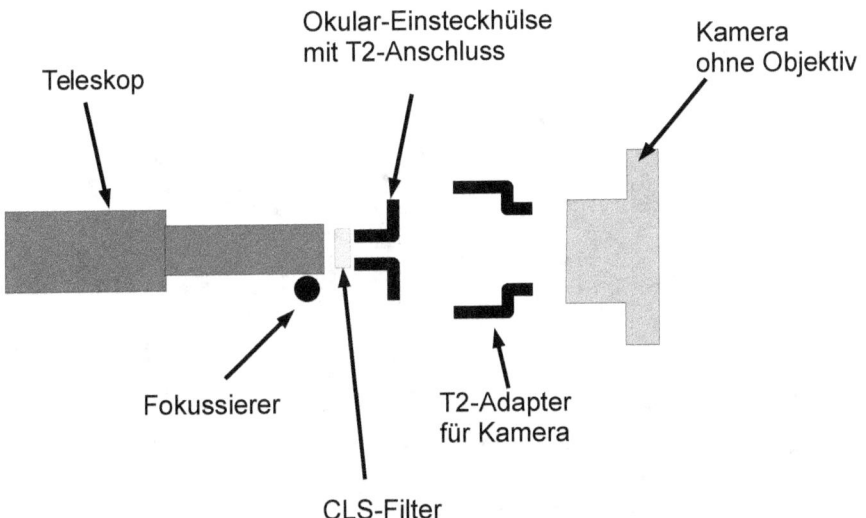

*Abbildung 88: Einbringung des CLS-Filters in den Strahlengang als Okularfilter.*

# Unbekannte Objekte in Fotos identifizieren

Dieses Kapitel verdankt seine Entstehung einem Foto der Galaxie M63 (Sonnenblumengalaxie) [50] (Abbildung 89).

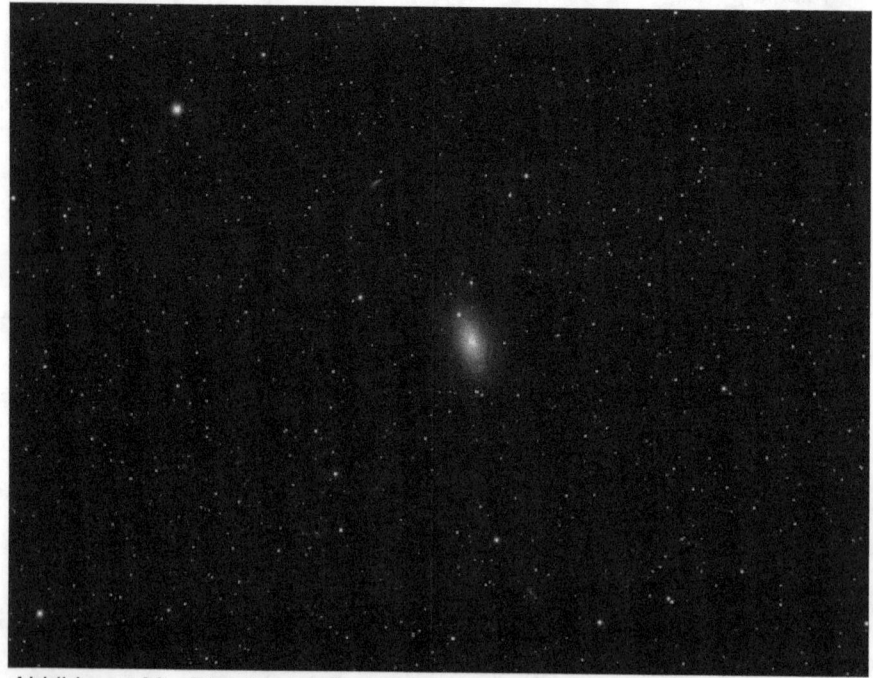

*Abbildung 89: Die Sonnenblumengalaxie M63 mit zwei, in Kstars und Stellarium nicht angezeigten Galaxien.*

In diesem Foto sind oberhalb und unterhalb der Sonnenblumengalaxie jeweils eine kleine Galaxie zu erkennen. In einem ersten Versuch schaute ich mir bei kstars und Stellarium die Umgebung von M63 an und fand keine astronomischen Objekte in der Nähe der in Frage kommenden Positionen.

Im Kapitel „Auffinden verschiedener Katalognummern desselben Sterns am Beispiel des Supernovaüberrestes M1" auf Seite 56 habe ich bereits über die astronomische Datenbank Simbad [46] berichtet. In dieser Datenbank lässt sich die Umgebung eines Objekts nach bekannten Objekten durchsuchen. In einer sehr interessanten Diskussion mit dem Leser "Achim G" [50] stellte sich heraus, dass die Software Aladin [51] neben vielen anderen Dingen, genau das macht, was ich in dem konkreten Fall benötigte: Die interaktive Bildsuche nach dem unbekannten Objekt. Die Software ist in JAVA geschrieben, was bedeutet, dass die Software Plattformunabhängig läuft. Außerdem ist die Software unter der GPL veröffentlicht, gehört also genau zu der Art von Software, die ich in diesem Buch beschreibe.

## Installation der Software

In einem Webbrowser sucht man die URL [51] auf und wählt den Download des Desktop an [52]. Dort erhält man eine Auswahl der Versionen für die verschiedenen Betriebsysteme (Abbildung 90).

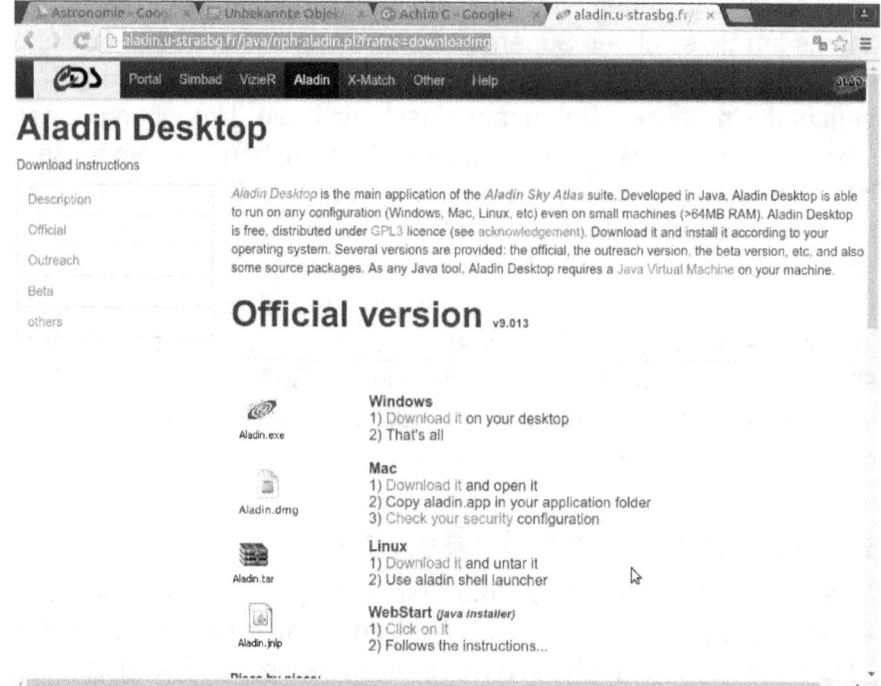

*Abbildung 90: Die Downloadseite der Aladin Software.*

Da das Programm in JAVA geschrieben wurde, muss auf dem Rechner eine JAVA Maschine installiert sein. Diese erhält man für seinen Computer kostenlos bei [53]. Normalerweise ist JAVA auf dem eigenen Rechner installiert, weil viele Applets im WWW ebenfalls JAVA benötigen. Man folgt nun also den Anweisungen in der Webseite und hat Aladin auf dem Rechner installiert.

# Benutzung von Aladin

Aladin ist ein sehr komplexes Programm. Die Beschreibung hier im Buch beschränkt sich deshalb auf die Identifizierung unbekannter Bildobjekte, hier der zwei unbekannten Galaxien im Foto der Sonnenblumengalaxie.

Nach dem Aufruf des Programms erscheint ein noch leeres Fenster (Abbildung 91).

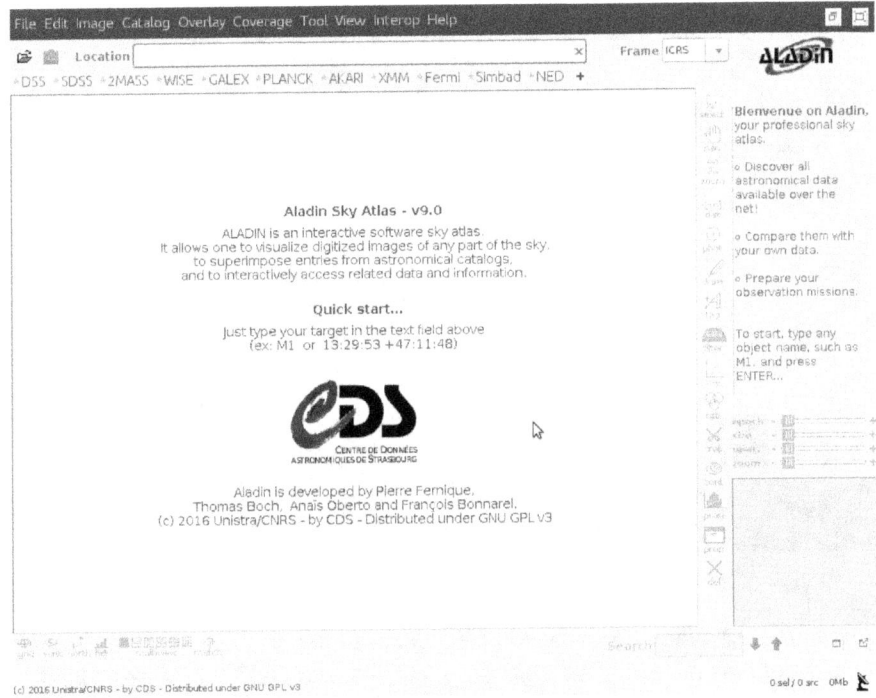

*Abbildung 91: Das Programm Aladin nach dem Start.*

Da wir Objekte in der Umgebung von M63 suchen, geben wir in der Eingabezeile für "Location" einfach M63 ein. Es erscheint ein Bild der Sonnenblumengalaxie (Abbildung 92).

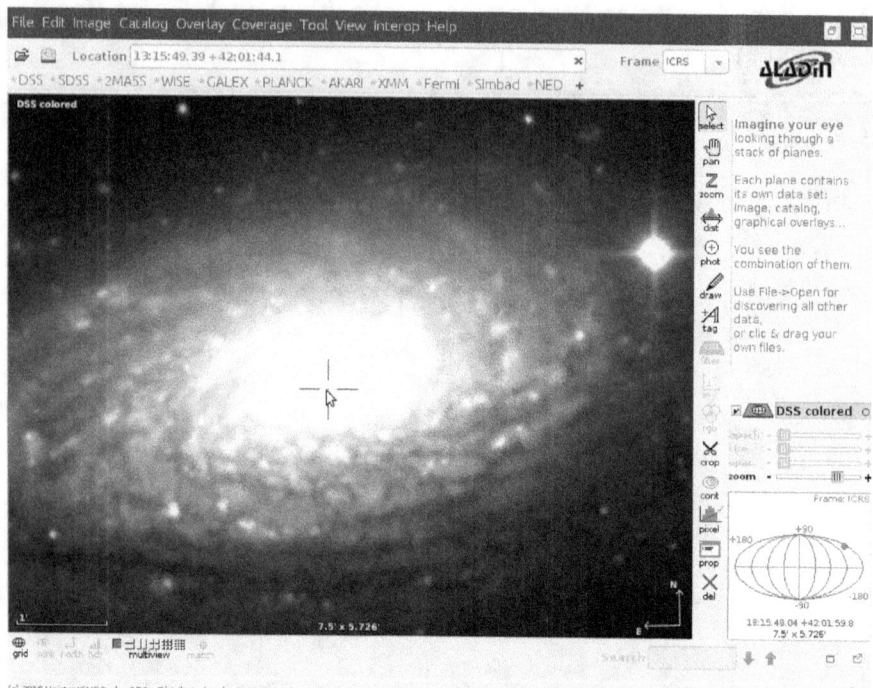

*Abbildung 92: Nach Eingabe von M63 in die Location Zeile wird das Objekt angezeigt und die Location Zeile zeigt die RA und DEC Werte des Objekts an.*

Man beachte, dass die ursprüngliche Eingabe „M63" automatisch in die astronomischen Koordinaten der Galaxie (Rektaszension und Deklination) umgewandelt wurden. Im rechten Randbereich ist eine neue Ebene aufgetaucht, mit dem Namen „DSS colored". Dies ist die Ebene mit dem Bild der Sonnenblumengalaxie. Erkennbar können weitere Ebenen aktiviert werden. Insbesondere wünschen wir eine Ebene, in der die Objekte der astronomischen Datenbank „Simbad" eingeblendet werden. Deshalb klicken wir auf den Eintrag „Simbad" gleich unterhalb der Eingabezeile für den Himmelsort.

Das Ergebnis ist die Anzeige astronomische Objekte als rote Quadrate im Bild und die entsprechende Datenbank in der Ebenenanzeige im rechten Rand des Fensters (Abbildung 93).

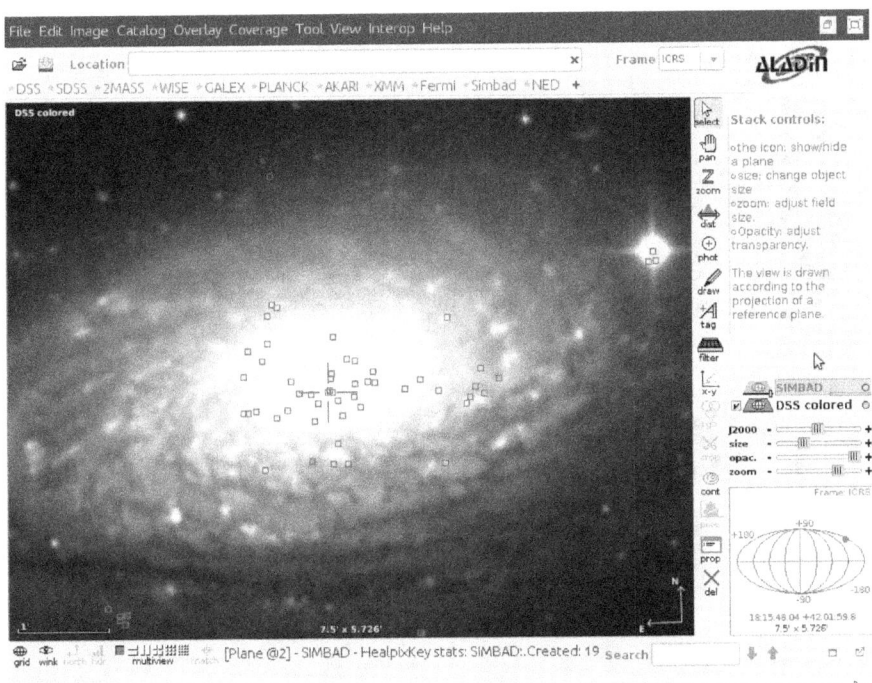

*Abbildung 93: Nach aktivieren der Datenbank Simbad werden die bekannten astronomischen Objekte als Quadrate im Bild angezeigt.*

Wir beachten ferner, dass rechts vom Bild der Knopf „Select" aktiviert ist. Damit bringt ein Mausklick auf ein Quadrat die Daten aus der Datenbank zur Anzeige unterhalb des Bildes. Da unsere Galaxie noch nicht im Bildrahmen erkennbar ist, müssen wir den Bildbereich zoomen und verschieben. Dazu klicken wir auf den Knopf mit dem Namen „Pan". Ist dieser Knopf aktiv, lässt sich die Bildebene mit der Maus verschieben (linke Maustaste) und zoomen (mittleres Drehrad der Maus). Auf diese Weise schieben wir die obere (rechts im Bild) liegende kleine Galaxie ins Bildfeld. Ist die Galaxie zu erkennen, schalten wir wieder den Knopf „Select" aktiv und klicken auf das Quadrat der Galaxie. Dieses färbt sich nun grün und zeigt im Textfeld die Daten der Galaxie. In diesem Fall wird die Galaxie als diejenige mit der Bezeichnung UGC8313 aus dem Uppsala General Catalogue identifiziert (Abbildung 94).

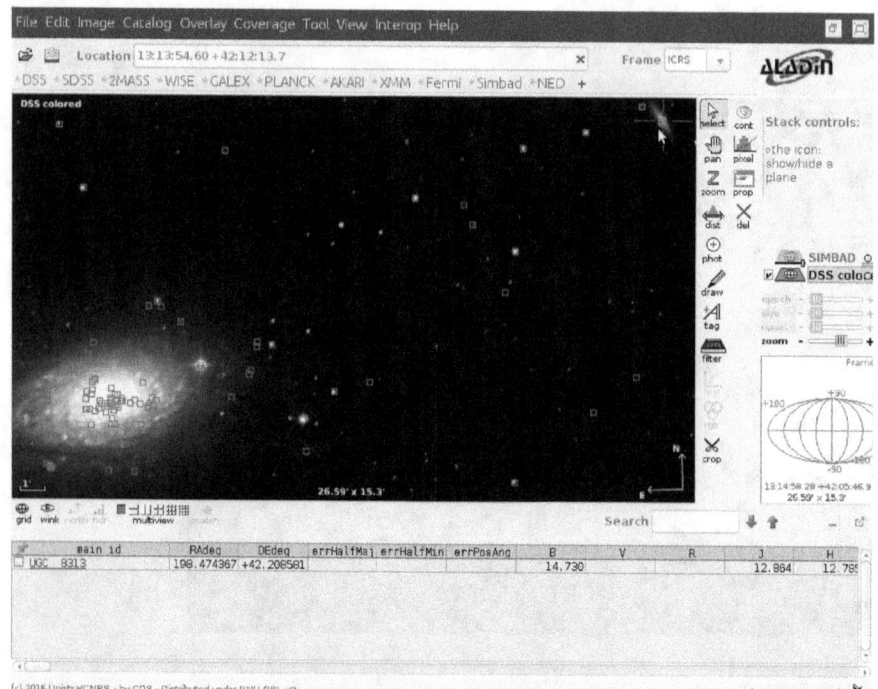

*Abbildung 94: Die oberhalb von M63 liegende Galaxie wird als UGC8313 identifiziert.*

Auch die zweite Galaxie unterhalb (links von) der Sonnenblumengalaxie ist so leicht identifiziert. Wer vorher die Galaxie UGC8313 im Textfenster mit einem Mausklick versieht, markiert diese als identifiziert und verhindert, dass die Daten im nächsten Auswahlprozess verschwinden.

So gerüstet aktivieren wir wieder den „Pan" Knopf, verschieben das Bild und suchen die Galaxie auf der andern Seite der Sonnenblumengalaxie. Diese ist schnell gefunden und durch Reaktivierung des „Select" Knopfes als UGC8365 identifiziert (Abbildung 95).

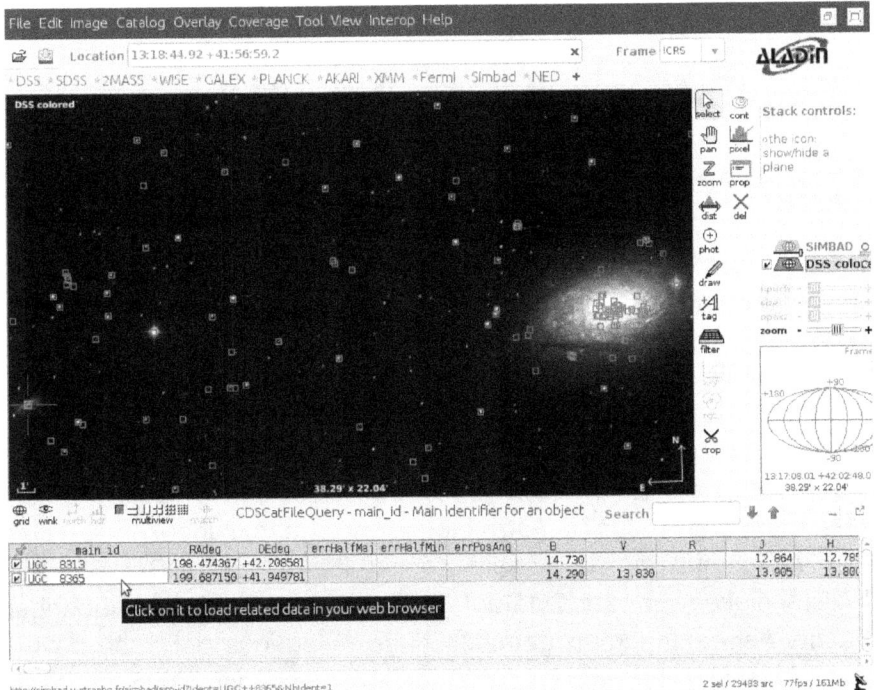

*Abbildung 95: Links im Bild violett markiert die Galaxie UGC8365.*

Mit einem Mausklick auf das entsprechende Objekt holt man dann auch leicht die entsprechenden Daten des Objekts in den Webbrowser. Wir sind mit der erreichten Identifizierung der beiden unbekannten Galaxien zufrieden.

# Vom Hinterhof zum Sternen-theater

In den bisherigen Versionen dieses Buches bin ich davon ausgegangen, dass Sie genau wie ich, ihre Astrofotos im eigenen Garten, vom eigenen Balkon oder in einer sonstigen naheliegenden und damit lichtverseuchten Umgebung anfertigen wollen. Wenn Sie aber darüber nachdenken Nachführungstechniken anzuwenden, sind Sie mit der Qualität des Erreichten möglicherweise unzufrieden. Dann wird es Zeit, auch über die Beseitigung der größten Beschränkung für Astrofotografen nachzudenken: Der Lichtverschmutzung. In diesem Kapitel liste ich ohne Garantie auf Vollständigkeit ein paar Orte auf, an denen ich Urlaub und nebenbei nachts Astroaufnahmen gemacht habe. Allerdings gehe ich davon aus, dass Sie über ein Auto mit der entsprechenden Ladefähigkeit besitzen oder sich in der Ausrüstung so stark beschränken, dass die Ausrüstung in Ihr eigenes Auto passt und Sie damit an den Urlaubsort fahren. An einigen der vorgeschlagenen Urlaubsorten können Sie gegen Entgelt auch die vorhandene Ausrüstung nutzen. Entscheiden Sie selbst. Ich fahre mit einem Pickup durch die Gegend und habe deshalb nur wenig Kapazitätsprobleme. Und schlechte Wegstrecken halten mich auch nicht ab, mein Urlaubsziel zu erreichen, im Gegenteil, sie machen mir Spaß.

Bitte beachten Sie, dass die Berichte sich nur auf meinen Besuch zu dem angegebenen Datum beziehen. Falls Sie vorhaben diese Orte zu besuchen, herrschen womöglich gerade ganz andere Wetterbedingungen. Leider ermöglicht das Wetter keine garantierten Zusagen.

Dasselbe gilt für die Ausstattung und den Zustand der Ausrüstung vor Ort. Ob die Ausstattung zum Zeitpunkt Ihres Besuches immer noch so ist oder verbessert oder verschlechtert wurde, können Sie vorab nur beim Vermieter erfahren.

# Wenn einer eine Reise macht...

... dann wird er hoffentlich nichts Unangenehmes erleben! Jedenfalls sollten Sie sich auch abseits der Überlegungen zum Wetter und zur optischen Ausstattung am Zielort auch Gedanken über Land und Leute machen. Und das nicht nur im Zielland, sondern auch für alle Transitländer. Insbesondere informieren Sie sich bitte über

- Land und Leute: Besorgen Sie sich Reiseliteratur über die Transitländer, ganz besonders aber über das Zielland. Und vor allem: Verhalten Sie sich dementsprechend.
- Sicherheit und Reisewarnungen: Das Auswärtige Amt in Berlin [36] veröffentlicht stets aktuelle Reisewarnungen. Leider ändert sich die politische Weltlage so rasch, dass gedruckte Informationen häufig schon im Moment des Erscheinens obsolet sind. Nur ein schnelles Medium wie eine Webseite kann mit der Geschwindigkeit der Änderungen noch mithalten. Informieren Sie sich deshalb insbesondere bei Reisen in Länder außerhalb der EU gründlich über die aktuelle Sicherheitslage. Die Webseite des Auswärtigen [36] stellt eine stets aktuelle Informationsquelle dar, die Sie vor jeder Auslandsreise konsultieren sollten.

Sollte sich die Sicherheitslage in Ihrem Zielland oder einem Transitland ändern, sollten Sie nicht zögern die entsprechenden Maßnahmen zu ergreifen.

# Emberger Alm

Der Klassiker und leicht zu erreichende Urlaubsort in Kärnten/Österreich ist die Elmberger Alm [28], die auf 1755m Seehöhe liegt und neben hervorragenden Wandermöglichkeiten im Sommer und Skilauf im Winter sowohl Stellplätze für eigene Teleskope als auch zwei stationäre, mietbare Teleskope anbietet. Was allerdings nicht im Angebot des Gasthofes liegt, ist die Schönwettergarantie. Das Wetter hält sich zwar an die lokalen Regeln, aber die sind nicht immer kompatibel mit astronomischen Anforderungen. Bei der Planung des Aufenthalts zum Zwecke der Astrofotografie sollten Sie deshalb Kontakt mit den Wirtsleuten aufnehmen und deren Erfahrung mit dem lokalen Wetter nutzen. Darüber hinaus gibt es eine Wetterstation [30], die Ihnen das momentane Wetter anzeigt. Für Kurzentschlossene sicher eine große Hilfe. Bei schönem Wetter entlohnt Sie die Lage der Emberger Alm mit einem grandiosen Nachthimmel mit geringer Hintergrundhelligkeit.

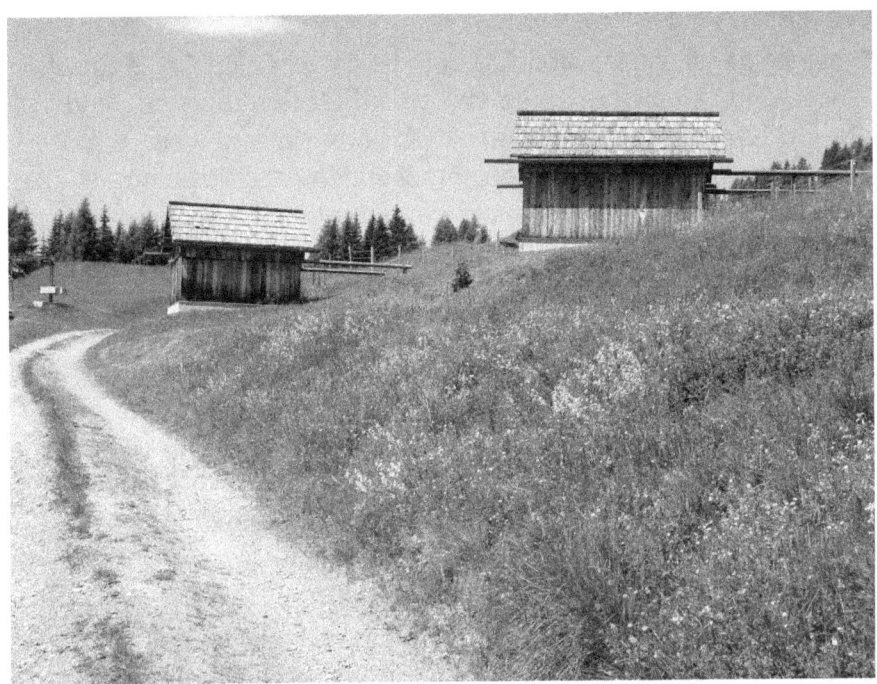

*Abbildung 96: Die beiden Teleskophütten auf der Emberger Alm. Auf der Wiese daneben kann das eigene Teleskop aufgestellt werden.*

## Meade 12" LX 200

Dieses Teleskop auf einer Celestron CGEM GOTO-Montierung [29] ist für Astrofotografie sehr gut geeignet, allerdings müssen Sie als Mieter die Anschlusstechnik an Ihre Kamera selbst mitbringen. Es genügt im Regelfall eine 2" Einsteckhülse mit T2-Gewinde. Die Bedienung der Montierung sollten Sie entweder vorher trainieren, oder vor Ort genügend Einweisungszeit vorhalten. Wollen Sie das Teleskop für lange Belichtungszeiten nachführen, müssen Sie auch die Nachführtechnik selbst mitbringen. Das Teleskop steht in einer Hütte mit Schiebedach, welches vor der Beobachtung beiseite geschoben wird.

# Newton 17,5"

Dieses gigantische Newton-Fernrohr ist auf einer stabilen deutschen Montierung befestigt und wird von einer FS2-Fernrohrsteuerung [31] als GOTO-Teleskop gesteuert. Falls Ihre Kamera über ein M42-Gewinde verfügt (oder den entsprechenden Anschlussring) ist alles vorhanden, um mit der Astrofotografie im Primärfokus zu beginnen. Wollen Sie die Montierung für Langzeitaufnahmen nachführen, müssen Sie die entsprechende Optik und Elektronik selbst mitbringen und installieren, wie auch beim LX200 Teleskop. Der robuste Teleskoptubus erlaubt es aber einfach mit zwei Spanngurten die Nachführoptik anzubringen, was beim LX200 mit Vorsicht zu machen ist, weil der Tubus erheblich fragiler strukturiert ist. Auch dieses Teleskop befindet sich in einer Hütte mit Schiebedach, welches vor der Benutzung aufgeschoben wird.

## Stellplätze für eigene Teleskope

Darüber hinaus dürfen Sie Ihr eigenes Teleskop in der Nähe der beiden Hütten aufstellen. Es sind sogar einige betonierte Stellflächen vorhanden. Dort können Sie aus den benachbarten Teleskophütten Strom beziehen.

# Finca Cabrera auf Teneriffa

Die Kanaren sind eine Inselgruppe im Atlantik, die für ihre gute Himmelssicht bekannt sind. Sowohl auf Teneriffa als auch auf La Palma befinden sich international bekannte Großteleskope [32, 33]. Das Problem ist aber, dass man als Privatmensch nicht einfach sein Teleskop auf dem Gelände der Großteleskope aufbauen kann. Eine gute Alternative ist meiner Meinung nach eine einsam gelegene Finca, die halbwegs vom Streulicht der Straßenbeleuchtung, die auf beiden Inseln zunehmend ein Problem für Astronomen darstellt, geschützt ist. Im Mai 2013 habe ich auf der Finca Cabrera [31] Urlaub gemacht und mein Teleskop mit meinem Pickup mitgebracht. Auf dem Gelände kann man über dem Wohngebäude der Finca Polaris sehen, siehe Sternspuraufnahme in Abbildung 97.

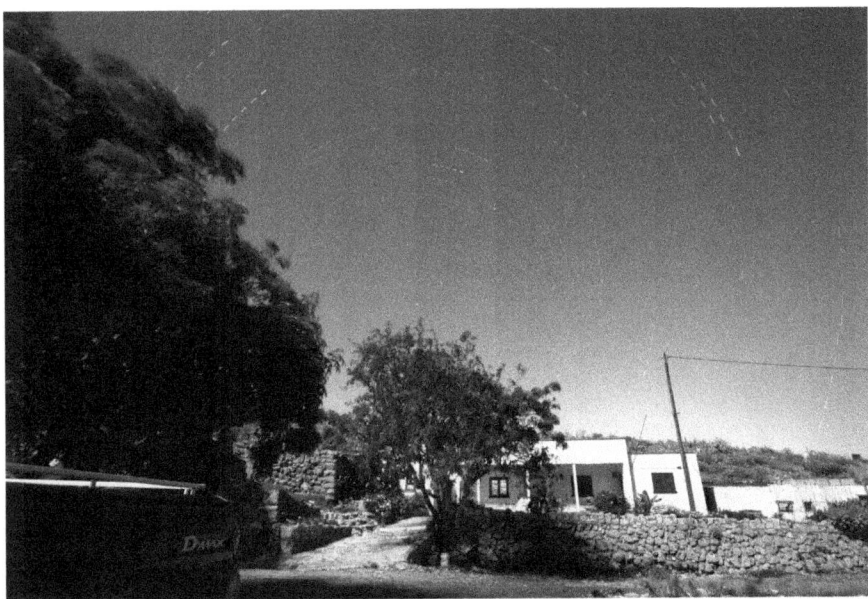

*Abbildung 97: Polaris über der Finca Cabrera.*

Allerdings ist auf der Finca keine eigene astrofotografische Infrastruktur vorhanden, der Astrofotograf muss seine ganze Ausrüstung selbst mitbringen.

Ein weiterer Nachteil besteht darin, dass die Finca zwei Wohnungen enthält. Man sollte sich also entweder mit einer ebenso astrobegeisterten Familie die Finca teilen oder beim Vermieter sicher stellen, dass kein weiterer Mieter gleichzeitig die Finca anmietet.

# SaharaSky Hotel und Sternwarte in Marokko

Am Rande der Sahara ist die Lichtverschmutzung extrem gering. Da bietet es sich an, ein Hotel mit eigener Sternwarte einzurichten und diese Amateurastronomen anzubieten. So geschehen in Tamegroute, Marokko, in der Nähe von Zagora. Dort betreibt der Deutsche Fritz Koring das SaharaSky Hotel [34] mit einer sehr guten astronomischen Ausstattung. Ich habe dieses Hotel im Januar 2014 besucht und die hervorragenden Teleskope selbst benutzt. In meiner Bildergalerie finden sich seitdem Aufnahmen von Objekten, welche ich unter dem hannoverschen Nachthimmel nicht aufnehmen konnte. Dank der guten Ausstattung mit mehreren Teleskopen ist es nicht unbedingt notwendig die eigene Ausrüstung im eigenen Wagen mitzunehmen. Es genügt ein Flug nach Marokko und Mietwagen um lediglich mit seiner Fotoausrüstung ausgestattet das Hotel zu erreichen. Im Januar 2014 fehlte allerdings die automatische Nachführung für die Teleskope, lediglich das Spitzenteleskop LX850 ACF 14" f/8 mit dem hervorragenden Starlock versehen, führte automatisch nach. Inzwischen hat der Hotelbesitzer aber einen Lacerta M-GEN Stand Alone Autoguider Version V2 für die übrigen Fernrohre angeschafft.

Im Januar/Februar 2014 spielte das Wetter gnadenlos mit. Fast jede Nacht zeigte hervorragende Beobachtungsbedingungen, nur an zwei Nächten konnte nicht beobachtet werden (1 Nacht Sandsturm, 1 Nacht Regentropfen). Dafür zeigte sich die Natur um das Hotel herum anschließend in grandioser Verfassung. Man sehnt sich geradezu nach schlechtem Wetter, um endlich einmal ausschlafen zu können.

Dazu kommt, dass bei Bedarf kompetente Hilfe in Form eines engagierten Astronomen zur Verfügung steht.

Dass zudem die Hotelunterbringung inkl. Verpflegung und Ausflugsprogrammen einen interessanten Urlaubsrahmen bietet, kommt dabei auch der astronomisch weniger interessierten familiären Begleitung zu Gute.

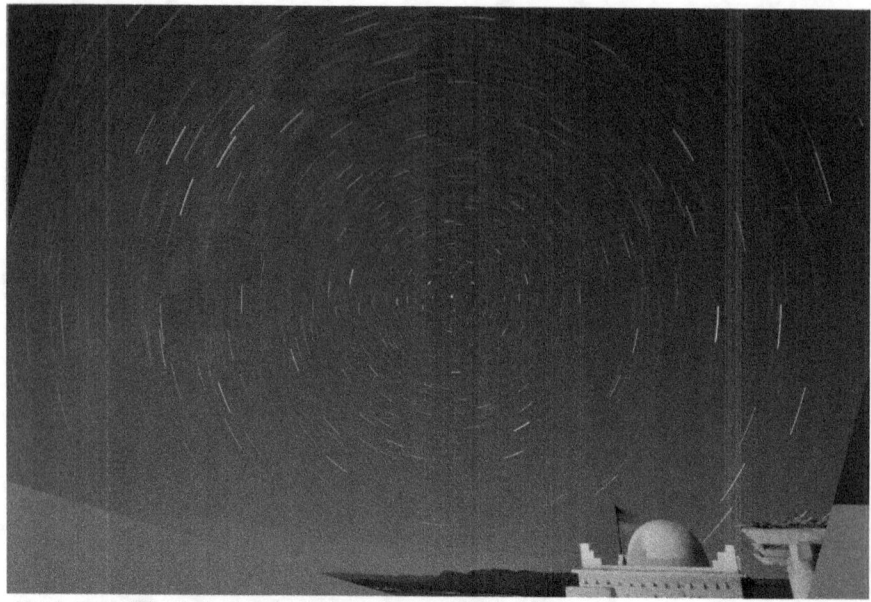

*Abbildung 98: Polaris über dem Sahara Sky Hotel.*

## Meade Teleskop LX850 ACF 14" f/8 & 130mm APO f/7 Starlock

Dieses Teleskop ist das neueste und komfortabelste Teleskop. Nach dem Einschalten justiert sich das Teleskop selbständig und steht nach kurzer Zeit zur Verfügung. Nur noch das gewünschte Objekt aus der Datenbank aufrufen und schon fährt das Teleskop das Objekt an. Dann noch ein wenig das Objekt hin- und her-schubsen, damit es in der Bildmitte erscheint. Das Beste aber ist die eingebaute automatische Nachführung. Ein eingestelltes Objekt wird durch die Starlock Technologie auf dem CCD festgehalten. Ohne Eingriff des Benutzers. Dieser muss lediglich abwarten, bis der Starlock Indikator aufhört zu blinken und kontinuierlich leuchtet. Dann noch die Kamera auslösen. Lediglich Wind kann dann die

Aufnahme stören, denn der mächtige Teleskoptubus steht, wie alle Teleskope im Hotel, ungeschützt auf dem Hoteldach. In der Praxis habe ich Belichtungszeiten von 5min ohne Reduzierer und 10min mit Reduzierer erreicht. Zugegeben, meine besten Aufnahmen im Sahara Sky Hotel entstanden an diesem Teleskop mit Reduzierer.

## Meade Teleskop LX200R 16", f/10, f=4064mm auf GM2000 Montierung.

Dieses mächtige Teleskop ist ein fantastischer Planetenjäger. Zum Zeitpunkt meines Besuches war an dem Gerät keine Nachführung montiert, nun aber ist die Lacerta, nach Auskunft des Patron, ja vorhanden.

## Und sonst...

Weiter sind noch eine EQ6 Montierung und eine Celestron CGEM Montierung auf jeweils einer Säule vorhanden. Dort können eigene Teleskope aufgebracht werden oder die noch nicht erwähnten hauseigenen Refraktoren William Megrez 80 II APO und/oder William Optics FLT 132 Triplet APO.

Ein Meade Dobson Lightbridge Deluxe 16" vervollständigt das Angebot für visuelle Himmelswanderungen ebenso wie ein Meade Teleskop RCX400 GPS 14" auf einem Dreibeinstativ. Dazu gibt es noch ein Coronado Solar Max II 60 H-α 60mm zur Sonnenbeobachtung und Binokulare. Dazu jede Menge Okulare (1,25" und 2"), Zenitspiegel, Extender, Reducer und sontiges optisches Zubehör. Ein Blick auf die Webseite [34] lohnt sich.

# Die Haute Provence

Von Deutschland aus noch relativ einfach zu erreichen ist die Haute Provence in Südfrankreich. Diese Gegend ist mit einem für Astronomen angenehmen Klima mit vielen klaren Nächten gesegnet. Auch die Geografie trägt mit hohen Bergen und breiten Plateaus dazu bei, Astronomen gute Arbeitsbedingungen zu verschaffen. Folglich haben sich ein paar wissenschaftliche Institutionen gleich zwei Observatorien in dieser Gegend gebaut, das Observatoire de Haute-Provence [37] nahe St.-Michel-l'Observatoire und das Observatoire de la Côte d'Azur [38] nahe Caussols. Das letztere hat einen Besucherparkplatz vor der mit einem Balken vesperten Zufahrt zum Institutsgelände. Dort kann man nachts sein Teleskop aufstellen.

Dazu kommen Amateurvereine, deren Betreiber durchaus professionelle Astronomen sein können, wie z.B. die Betreiber der Amateurstation AstroQueras [39] nahe Saint-Véran. Diese setzen allerdings eine Mitgliedschaft voraus, sodass ein Anfänger nicht einfach eine Beobachtungswoche mieten kann, wie in den beschriebenen Fällen zuvor.

Meine persönlichen Erfahrungen basieren auf einer Woche in Barjols, einem Dorf ziemlich in der Mitte zwischen den beiden Observatorien Haute-Provence [37] und Côte d'Azur [38].

## Das Ferienhaus Orchidée bei Barjols

Den Ausschlag zur Wahl dieses Ferienhauses [40] gab die Auskunft, dass es noch nicht einmal einen direkten Nachbarn gäbe. Tatsächlich liegt das Haus sehr einsam auf dem Grundstück eines Bauernhofes, vom Dorf getrennt durch einen Bergrücken, am schnellsten über eine stillgelegte Eisenbahntrasse inkl. Tunnel zu erreichen. Liebhabern tiefer gelegter Rennwagen sei von der Zufahrt abgeraten, etwas hochbeinigeres Fahrwerk ist angebrachter. Den Aufstellungsort habe ich in der Zufahrt zum Haus gewählt und vor jeder Beobachtung meinen Pickup mit Astroausrüstung vor die Montierung gestellt. Damit hatte ich meine Ausrüstung griffbereit auf dem Pickup.

Der Himmel über dem Ferienhaus war zum Zeitpunkt des Besuches nicht ganz so klar wie erhofft, aber immerhin reichte es für eine beeindruckende Aufnahme der Milchstraße mit dem größeren astronomischen Objekten (Abbildung 99). Sogar NGC7000 ist auf der Aufnahme oben zu erkennen. Auch diese Aufnahme findet sich bei den Beispielaufnahmen in [2] und [35].

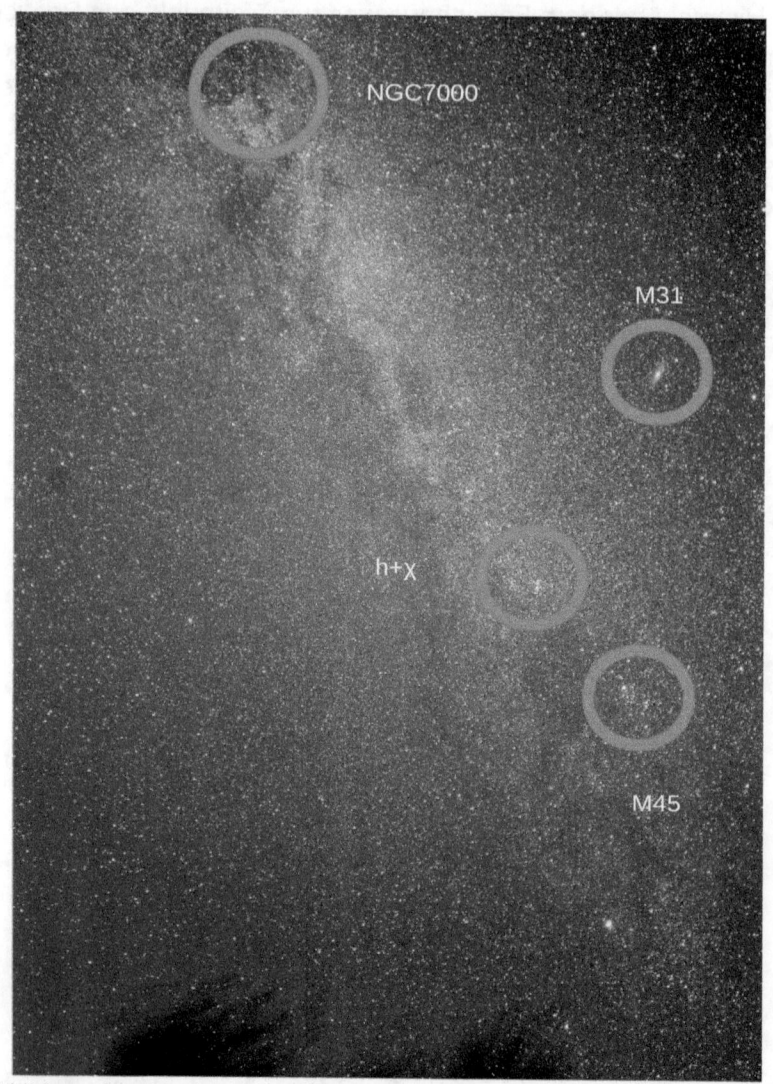

*Abbildung 99: Die Milchstraße über Barjols mit den wichtigsten großen Himmelsobjekten.*

# Tabellarische Übersicht der beschriebenen Orte

Es folgt eine tabellarische Übersicht, welche die Besonderheiten der einzelnen Beobachtungsorte zusammenstellt. Bitte bedenken Sie die Unberechenbarkeit des Wetters und die Gültigkeit lediglich für den ausgewiesenen Besuchstermin. Falls Sie einen Besuch planen, nutzen Sie die Kontaktdaten für Rückfragen an den Vermieter. Planen Sie auch Alternativen bei schlechtem Wetter ein.

| Ort | Datum des Besuchs | Wetter und Sichtbedingungen |
|---|---|---|
| Emberger Alm | Mehrfach im Sommer und Herbst | Mitteleuropäisches Wetter. Bei Wolkenfreiheit erstklassige Himmelssicht mit wenig Lichtverschmutzung. |
| Finca Cabrera | Mai 2013 | Lage auf Ostseite, daher sehr wenig Regen. Trotz Trockenheit gibt es Wolken. Lichtverschmutzung geringer durch Tallage. |
| Sahara Sky Hotel | Januar/Februar 2014 | Sehr gute Beobachtungs-bedingungen durch Sahara Randlage. |
| Ferienhaus Orchidée | Oktober 2014 | Klima der Haute Provence, attraktiv für Astronomen. Erkennbar an zwei Observatorien. Barjols liegt in der Mitte zwischen beiden, aber leider nur ca. 300m hoch. |

| Ort | Vorhandene Ausrüstung | Stellplatz für eigene Ausrüstung |
| --- | --- | --- |
| Emberger Alm | LX200 Teleskop und 17,5" Newton-Fernrohr. Keine Autoguider Ausrüstung vorhanden. | Vorhanden. |
| Finca Cabrera | Keine. | Vorhanden. Mit einem evtl. 2. Mieter sind Arrangements zu treffen. |
| Sahara Sky Hotel | Extrem gute Ausstattung. Siehe Webseite. | Auf dem Dach des Hotels vorhanden. |
| Ferienhaus Orchidée | Keine. | In der Zufahrt zum abgelegenen Haus. |

| Ort | Anfahrt aus Deutschland |
|---|---|
| Emberger Alm | Über Autobahn München-Salzburg-Spittal (Drau) oder über die Brenner Autobahn. |
| Finca Cabrera | Mit dem Auto bis Cadiz (Spanien), von dort Fähre nach Santa Cruz de Teneriffe. Fährverbindung ist relativ teuer, enthält aber die Verpflegung an Bord. |
| Sahara Sky Hotel | Flug nach Marokko, von dort Mietwagen bis zum Hotel. Bei Transport einer eigenen Ausrüstung mit dem Auto muss eine der Fähren nach Marokko genommen werden: Tarifa-Tanger, Algeciras-Tanger, Barcelona-Tanger, Sete-Tanger, Genua-Tanger. Je nach Linie dauert die Überfahrt 35min bis 3 Tage. Die Kosten fallen entsprechend aus. |
| Ferienhaus Orchidée | Über die Autobahnen der Schweiz und Frankreich. Die letzten 100km Landstrasse. |

| Ort | Kontaktdaten |
| --- | --- |
| Emberger Alm | Web: http://www.alpsat.at/index.htm<br>E-Mail: office@alpsat.at<br>Telefon: +43(0)4712796 |
| Finca Cabrera | Web: http://www.finca-cabrera.com/<br>E-Mail: info@finca-cabrera.com<br>Telefon: +34 697 782 563 |
| Sahara Sky Hotel | Web: http://www.hotel-sahara.com/hotel/deutsch/<br>E-Mail: sky@saharasky.com<br>Telefon: +212.524848562 (Französisch) |
| Ferienhaus Orchidée | Web: https://www.casamundo.de/cm_object/?object=925196&persons=2&split9=control11561 |

*Tabelle 5: Zusammenfassung Ortseigenschaften für Astrofotografie. Bitte Gültigkeitsbemerkung beachten.*

# Technischer Anhang

In diesem Anhang soll dem interessierten Leser die im Buchkörper zu kurz gekommene Physik dargestellt werden. Die Darstellung erfolgt ohne Garantie auf Vollständigkeit.

## Strahlengänge

Die von jedem Lichtpunkt eines astronomischen Objekts ausgehenden Lichtstrahlen kommen auf Grund der enormen Entfernung bei uns als paralleles Lichtbündel an. Um erneut als Lichtpunkt wahrgenommen zu werden, muss mit Hilfe eines geeigneten optischen Bauelements das parallele Lichtbündel zu einem Lichtpunkt vereinigt werden. Ohne Hilfsmittel ist es die Augenlinse, die den Lichtpunkt auf unserer Netzhaut entstehen lässt. Als technische Hilfsmittel in Teleskopen und Kameras stehen uns Linsen und Spiegel zur Verfügung.

### Refraktoren (Linsenteleskope)

Jeder Refraktor enthält eine bilderzeugende Linse. Im Regelfall wird diese Linse aus mehreren Teillinsen bestehen, die so zusammengesetzt sind, dass sie eine möglichst fehlerfreie ideale Linse ergeben. Die so zusammengesetzte Linsenkombination wird auch als Objektiv bezeichnet.

Das einfachste Objektiv ist ein Achromat, bestehend aus 2 Linsen [7]. Durch die beiden Linsen wird der Farbfehler (chromatische Aberration) für die beiden Grundfarben Rot und Blau korrigiert. Grünes Licht hat eine etwas abweichende Fokuslänge, weshalb achromatische Objektive bei starker Vergrößerung einen Farbsaum zeigen.

Mit 3 Linsen gelingt die Herstellung eines Objektivs, welches frei vom Farbfehler ist [8].

Weitere Fehler sind Astigmatismus, Koma und sphärische Abberation, die je nach Qualität und Preis des Objektiv mehr oder weniger mit korrigiert sind.
In unseren Strahlengängen wird das komplizierte Linsenobjektiv aber der Einfachheit halber als eine einzige ideale Linse dargestellt.

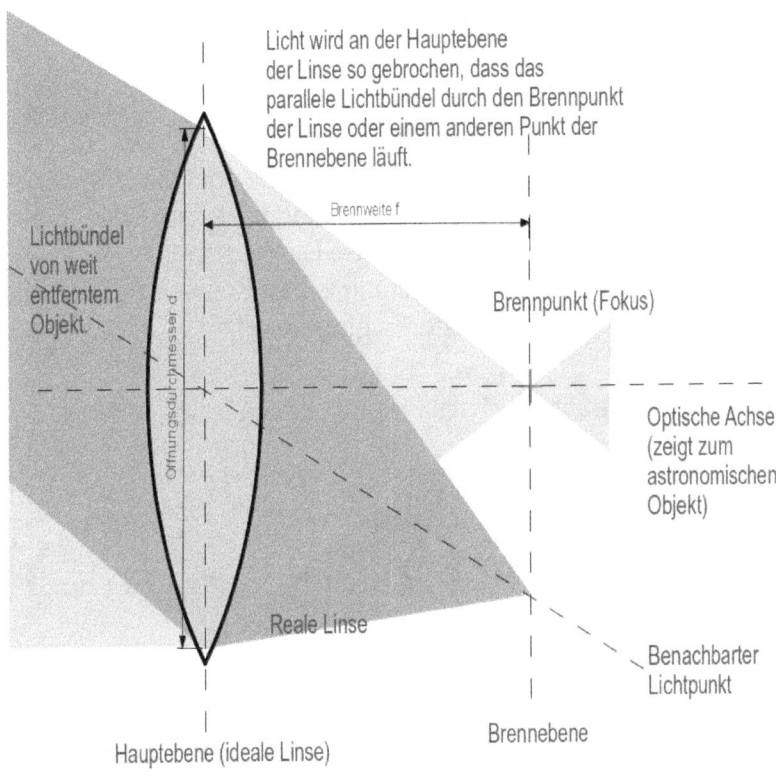

*Abbildung 100: Von astronomischen Objekten stammendes Licht kommt bei uns als paralleles Lichtbündel an. Die ideale Linse (Hauptebene der realen Linse) bricht das parallel zur optischen Achse einfallende Licht durch den Brennpunkt. Benachbarte Lichtpunkte landen in der Brennebene, definiert durch den Brennpunkt und die optische Achse.*

# Blendenzahl, Öffnung, Lichtstärke

In Abbildung 100 ist der Strahlengang eines Objektiv zu sehen. Befindet sich der Bildsensor einer Kamera in der Brennebene, entsteht auf ihm ein scharfes Bild der entsprechenden astronomischen Objekte. Der Abstand des Brennpunkts von der Hauptebene ist die Brennweite f. Sie wird in Millimetern angegeben. Eine weitere wichtige Kennzahl ist der Öffnungsdurchmesser d.

Auch er wird in Millimetern angegeben. Das Verhältnis $\frac{f}{d}$ ist als Öffnungsverhältnis oder Blendenzahl bekannt. Dieses Verhältnis bestimmt die Lichtmenge, die auf den Bildsensor fällt. Eine kleine Blendenzahl erfordert kürzere Belichtungszeit um die gleiche Belichtung hervorzurufen wie eine große Blendenzahl.

Wenn man auf die Blendeneinstellung einer Kamera schaut, sieht man dort die üblichen Blendenstufen eingraviert:

Verdoppelung der Lichtmenge

$$1,4 - 2 - 2,8 - 4 - 5,6 - 8 - 11 - 16 - 22$$

Verdoppelung der Belichtungszeit

Zum Beispiel benötigt ein Objektiv der Blendenzahl 4 nur halb so lange zur Belichtung wie ein Objektiv der Blendenzahl 5,6, gleiche Belichtung vorausgesetzt.

Der Grund dafür findet sich in der Gleichung für die Kreisfläche $A_K = \pi * r^2 = \pi * \left(\frac{d}{2}\right)^2 = \pi * \frac{d^2}{4}$ . Vergleicht man die Größe der Kreisfläche eines Objektivs der Blendenzahl 4 mit einem solchen der Blendenzahl 5,6 bei gleicher Brennweite, dann ergibt sich folgende Situation:

$$\frac{f}{d}=4 \Leftrightarrow d=\frac{f}{4} \qquad\qquad \frac{f}{d}=5,6 \Leftrightarrow d=\frac{f}{5,6}$$

$$\Rightarrow A_4=\pi*\frac{\frac{f^2}{16}}{4}=\pi*\frac{f^2}{64} \qquad \Rightarrow A_{5,6}=\pi*\frac{\frac{f^2}{31,36}}{4}=\pi*\frac{f^2}{125,44}$$

$$\frac{A_4}{A_{5,6}}=\frac{\pi*\frac{f^2}{64}}{\pi*\frac{f^2}{125,44}}=\frac{125,44}{64}=1,96\approx 2 \quad .$$

Damit kommt etwa die doppelte Lichtmenge auf den Sensor, weil die Objektiveinlassfläche bei Blende 4 etwa doppelt so groß ist wie die Objektiveinlassfläche bei Blende 5,6.

Während diese Überlegung bei einem Objektiv gilt, kommt die Frage auf, wie es sich bei unterschiedlichen Objektiven verhält. Also etwa einem Fotoobjektiv mit der Blendenzahl 4 und einem 8" Newtonteleskop dessen Blendenzahl (Öffnungsverhältnis) ebenfalls 4 ist. Abbildung 101 zeigt diesen Fall. Hier wurden die Lichtbündel zweier Objektive mit unterschiedlicher Brennweite und unterschiedlichem Öffnungsdurchmesser, aber gleicher Blendenzahl übereinander gelegt. Dass die Blendenzahl gleich ist, erkennen Sie an der Tatsache, dass der Öffnungswinkel $\alpha$ des Lichtbündels im Fokus F für beide Objektive gleich ist. Damit gilt:

$$\tan\left(\frac{\alpha}{2}\right)=\frac{\frac{d_1}{2}}{f_1}=\frac{\frac{d_2}{2}}{f_2}\Leftrightarrow 2*\tan\left(\frac{\alpha}{2}\right)=\frac{d_1}{f_1}=\frac{d_2}{f_2}$$

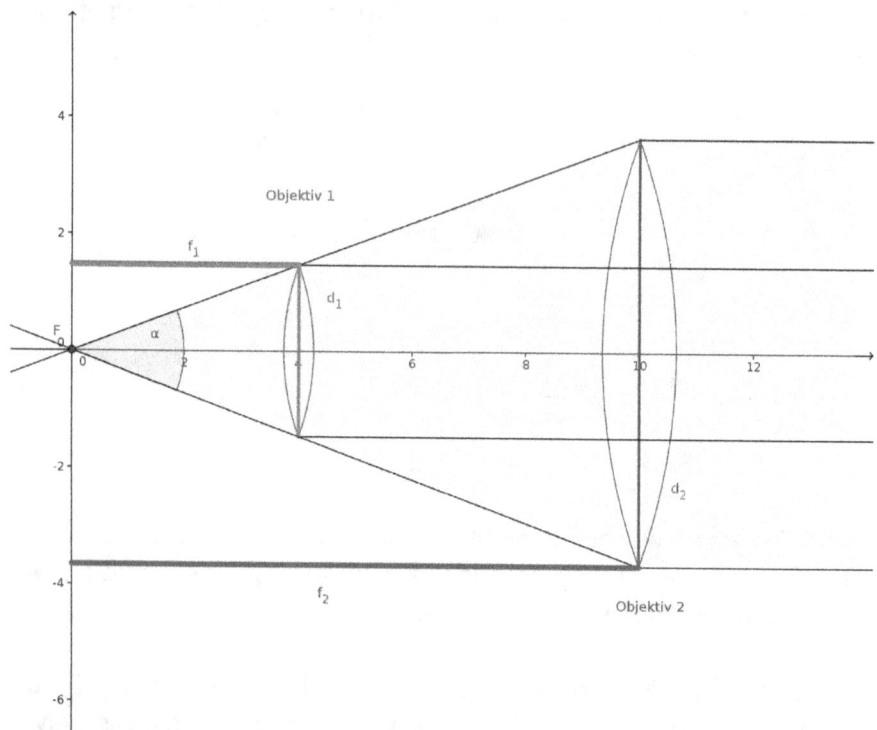

*Abbildung 101: Zwei Objektive gleicher Lichtstärke aber unterschiedlicher Brennweite.*

Damit ist bei gleicher Sensorempfindlichkeit und gleicher Objekthelligkeit die Belichtungszeit durch beide Objektive gleich groß, obwohl die Einlaßfläche von Objektiv 2 erheblich größer ist als die Einlaßfläche von Objektiv 1. Die Brennweite kompensiert den Einfluss der beiden Einlaßflächen.

Bei Fotoobjektiven läßt sich die Blendenzahl nach der oben genannten Abstufung einstellen. Dies wird durch eine regelbare Metallblende erreicht, welche durch Drehung des Blendenrings die Objektivöffnung mehr oder weniger stark abdeckt. Bei einem astronomischen Teleskop gibt es einen solchen Blendenring nicht. Das macht keinen Sinn, weil man ja auf jeden Fall maximale Helligkeit bei den lichtschwachen astronomischen Objekten bekommen möchte. Wird bei einem Fotoobjektiv der Blendenring auf die kleinste Blendenzahl eingestellt, dann ist die Eintrittsfläche (Öffnung) für das Objektiv am größten. Diese Blendenzahl wird als Lichtstärke des Objektivs bezeichnet. Somit ist es sinnvoller auch bei einem Teleskop von Lichtstärke zu sprechen. Schliesslich ist die Lichtstärke dort die einzig mögliche Blendenzahl.

Dass Astronomen dennoch lieber den Öffnungsdurchmesser ihres Teleskops angeben als die Lichtstärke, die sich durch Berechnung des Quotienten $\frac{f}{d}$ berechnet, hat seinen Grund in der physikalischen Eigenschaft der optischen Winkelauflösung. Siehe hierzu auch das Kapitel Bildwinkel auf Seite 218. Diese gibt an, unter welchem Bildwinkel zwei benachbarte Objekte noch als getrennt erkennbar sind. Wer sich für die dazugehörende Theorie interessiert, sei auf die Abbé'sche Beugungstheorie des Lichtes verwiesen. Bei [49] findet sich ein Artikel, welcher die Grundlagen darstellt. Hiernach lassen sich noch Objekte im Bild unterscheiden, welche einen Bildwinkelabstand α mit $\sin(\alpha)=1{,}22*\frac{\lambda}{d}$ nicht unterschreiten. Hierin ist d der Durchmesser der Teleskopöffnung und λ die Wellenlänge des Lichts, mit dem fotografiert wird. Die wesentliche Aussage dieser Gleichung: Je größer die Öffnung des Teleskops ist, desto dichter beieinander liegende Objekte können noch als einzelne Objekte betrachtet werden. Deshalb wollen Astronomen gerne möglichst große Öffnungen für ihre Teleskope.

Aber in aller Deutlichkeit: Die Öffnung hat nichts mit der Lichtstärke zu tun. Siehe Abbildung 101. Dort haben beide Linsen gleiche Lichtstärke bei ganz verschiedenen Öffnungen und Brennweiten.

Anfänger könnten in den Fehler verfallen, Teleskope mit möglichst hoher Lichtstärke zu erwerben. Aber jeder Fotograf weiss, dass eine hohe Lichtstärke mit geringer Schärfentiefe erkauft wird. Für den Astrofotograf bedeutet dies erhöhte Schwierigkeit bei der

Fokussierung. Anfänger sind daher mit Lichtstärke 5,6 oder weniger (höhere Blendenzahl) im Regelfall besser beraten.

# Fernrohr zur visuellen Beobachtung

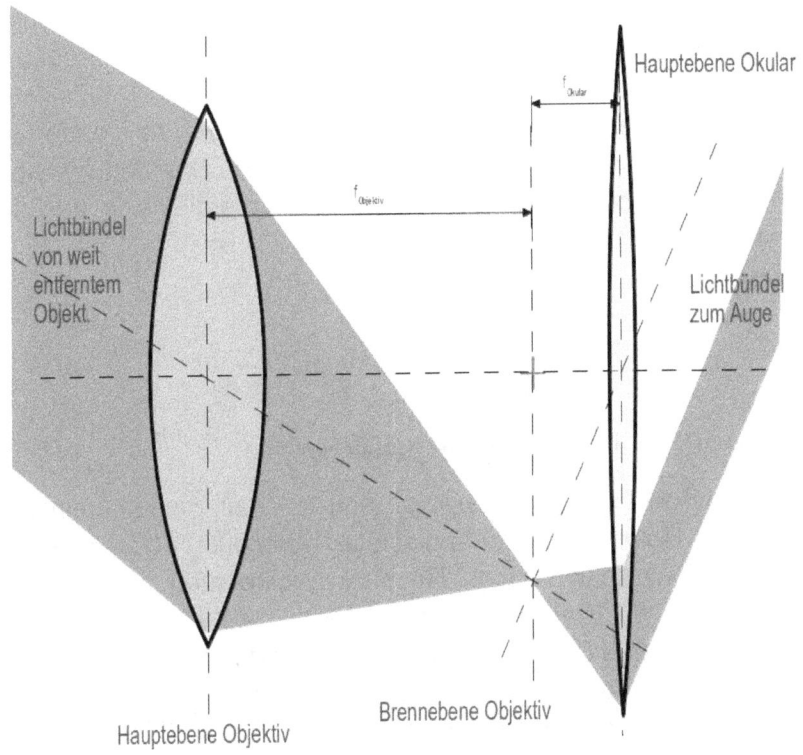

*Abbildung 102: Der Aufbau des Kepler Fernrohrs. Mit dem Okular als Lupe wird das Bild in der Hauptebene betrachtet.*

Will man direkt mit dem Auge die astronomischen Objekte betrachten, muss das Licht des Objektivs erneut durch eine Linse, das Okular, gebrochen werden, damit die Augenlinse ein scharfes Bild auf der Netzhaut entwerfen kann. Der erste Mensch, der ein solches Teleskop aus Objektiv und Okular bestehend beschrieben hat war Johannes Kepler. Zwar hatte Galileo ein paar Jahre vorher bereits ein Fernrohr beschrieben, dieses benutze aber eine Konkavlinse als Okular und hat schlechtere optische Eigenschaften, weshalb sich als astronomisches Fernrohr das Keplersche Fernrohr durchgesetzt hat (Abbildung 102).

In Abbildung 61 sind allerdings das Okular und das Objektiv zueinander in einem falschen Verhältnis dargestellt. Das Okular hat einen sehr viel kleineren Durchmesser als das Objektiv. Hier wurde die künstlerische Freiheit strapaziert um den Strahlengang deutlich werden zu lassen. Das Auge sieht das aus dem Okular einfallende Lichtbündel als paralleles Lichtbündel so wie vom weit entfernten Objekt, nur unter einem vergrößertem Bildwinkel. Das Bild erscheint dem Auge vergrößert. Diese Vergrößerung V ergibt sich aus den Brennweiten von Objektiv und Okular zu

$$V = \frac{f_{Objektiv}}{f_{Okular}} \quad .$$

## Das Newton Teleskop (Reflektor)

Das einfachste Spiegelteleskop enthält nur einen einzigen abbildenden Hohlspiegel (Parabolspiegel, Abbildung 103). Allerdings hat diese Konstruktion einen Nachteil: Wollte man das Bild des Hohlspiegels im Brennpunkt betrachten, so würde man das einfallende Lichtbündel abschatten. Isaac Newton hat deshalb einen kleinen Hilfsspiegel vor den Brennpunkt gesetzt, der das reflektierte Licht senkrecht aus dem Strahlengang herausbringt. Durch ein Loch im Tubus des Fernrohrs kann dann das Fokalbild entweder direkt mit dem Bildsensor fotografiert werden oder mit Hilfe eines Okulars betrachtet werden (Abbildung 104).

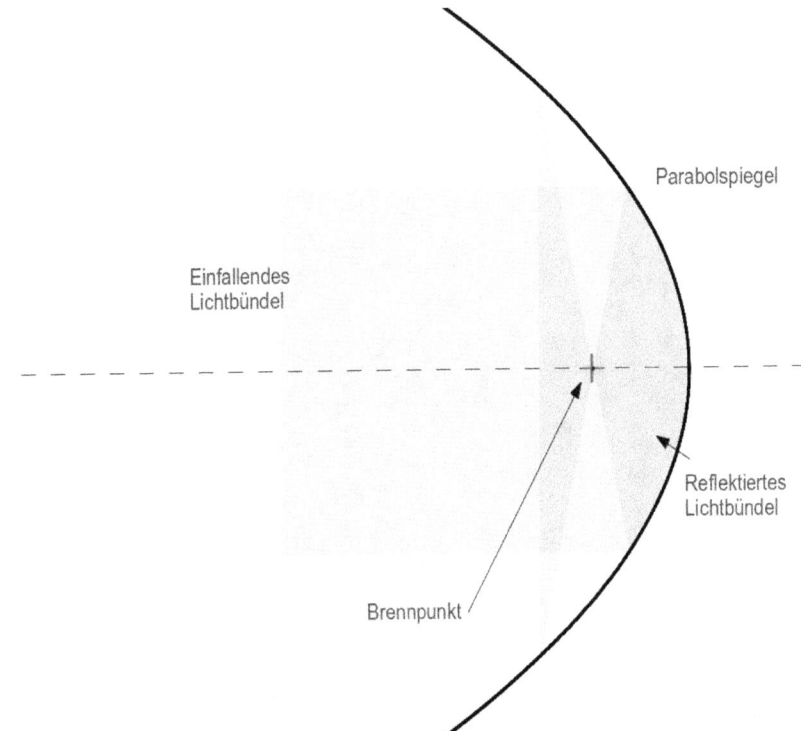

*Abbildung 103: Das zur optischen Achse parallel einfallende Lichtbündel wird zum Brennpunkt hin reflektiert.*

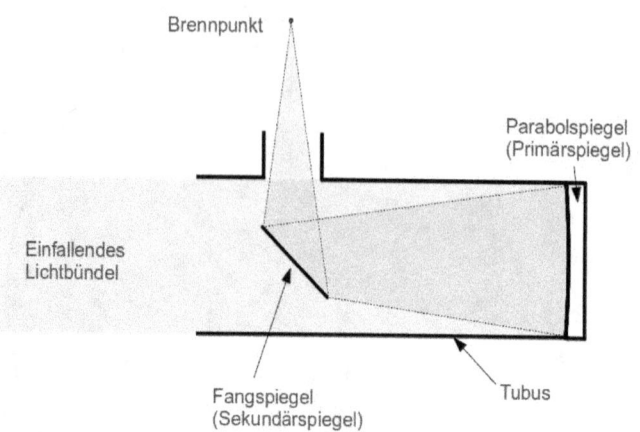

Brennpunkt

Parabolspiegel
(Primärspiegel)

Einfallendes
Lichtbündel

Fangspiegel
(Sekundärspiegel)

Tubus

*Abbildung 104: Das Newton Teleskop besitzt einen parabolischen Hauptspiegel und einen ebenen Fangspiegel. Das Bild wird außerhalb des Tubus betrachtet.*

Gegenüber einem Linsenfernrohr hat ein Newtonfernrohr den Vorteil, dass das Bild keinerlei Farbfehler aufweist. Außerdem können Newtonfernrohre sehr lichtstark gebaut werden [9]. Eine Blendenzahl von $\frac{f}{d}=4$ herzustellen ist kein Problem, allerdings ist die Fokussierung entsprechend schwierig. Außerdem müssen Newtonfernrohre häufig justiert werden, d.h. die Ausrichtung der beiden Spiegel zueinander muss eingestellt werden.

Die übrigen Bildfehler (vor allem Koma) sind noch vorhanden, können teilweise über Korrektoren vermindert werden. Vor allem bei Newtonfernrohren mit einer Blendenzahl von $\frac{f}{d}=4$ ist der Einsatz eines Komakorrektors aus mehreren Gründen empfehlendwert:

1. Das Koma wird reduziert.
2. Digitalkameras mit Wechselobjektiv leiden unter Staub auf dem Bildsensor, der sich als hässliche dunkle Punkte im Bild bemerkbar macht. Das Newtonfernrohr ist aber seiner Natur nach ein mechanisch offenes System, welches Staub freien Zugang zum Inneren gewährt. Bei den langen Belichtungszeiten gelangt der Staub dann auch auf den Bildsensor, mit den entsprechenden Folgen. Zwar haben moderne Digitalkameras mit Wechselobjektiv heute alle einen Staubschutz, aber nicht alle arbeiten gleich zuverlässig. Und nun die gute Nachricht: Der Komakorrektor wirkt wie ein aufgesetztes Objektiv als Schutz gegen den Staub von außen.

## Das Maksutov-Cassegrain Fernrohr

Ähnlich dem Newton Fernrohr besitzt auch das Maksutov-Cassegrain Fernrohr zwei Spiegel (Abbildung 64). Der Primärspiegel ist allerdings in der Mitte durchbohrt. Der Fangspiegel ist nicht eben sondern als konvexer Kugelspiegel auf der Meniskuslinse angebracht. Das Lichtbündel wird nach hinten durch die Öffnung im Hauptspiegel geworfen. Der Brennpunkt entsteht ähnlich wie beim Linsenfernrohr hinter dem Fernrohr. Dort kann man entweder direkt auf dem Bildsensor das Bild aufnehmen oder mit einem Okular betrachten. Sowohl der Farbfehler als auch das Koma sind weitgehend korrigiert. Außerdem ist das Fernrohr wegen des gefalteten Strahlenganges recht kompakt und leicht. Der Nachteil ist die geringe Lichtstärke. Blendenzahlen von $\frac{f}{d} = 16$ sind üblich [10].

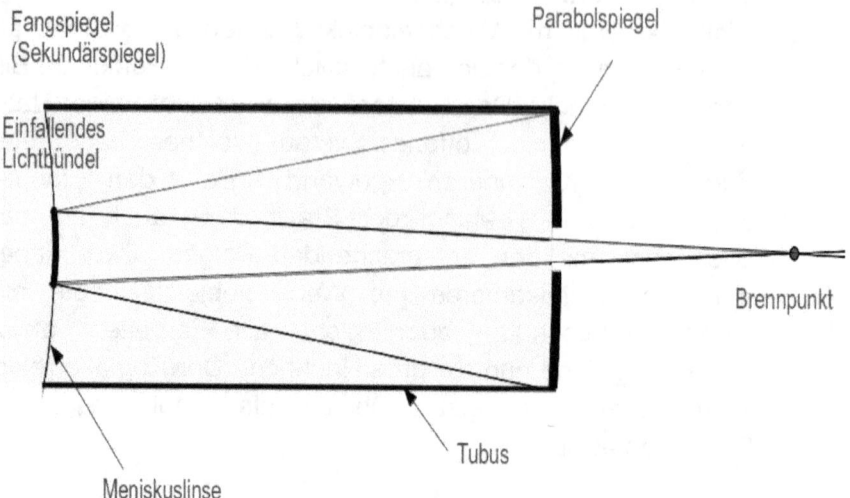

Abbildung 105: Das Maksutov-Cassegrain Fernrohr enthält neben den beiden Spiegeln noch eine Meniskuslinse aus Glas.

## Das Schmidt-Cassegrain Fernrohr

Dieses ist wie das Maksutov-Cassegrain Fernrohr aufgebaut. Allerdings besitzt die Frontlinse nicht eine einfache Meniskusform sondern ist aufwendig geformt, um Bildfehler optimal zu korrigieren [11].

# Vergrößerungen

Oftmals wird die Vergrößerung eines Fernrohrs angegeben. Aber wie berechnet sich diese? In diesem Teil des Anhangs werden zwei Berechnungsverfahren vorgestellt.

## Visuelle Vergrößerung

### Definition

Man versteht unter der Vergrößerung eines optischen Gerätes das Verhältnis der Sichtwinkel mit und ohne Sehhilfe (Abbildung 106).

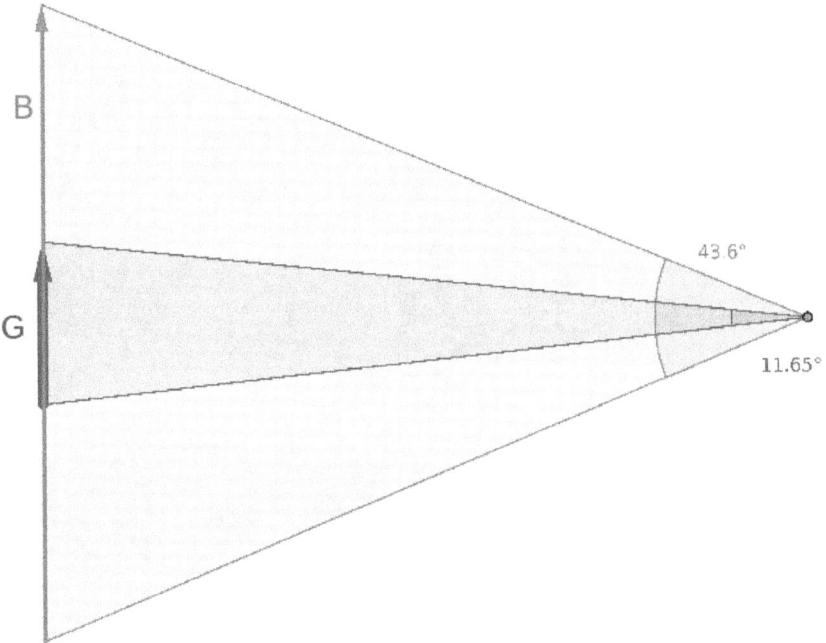

*Abbildung 106: Der Sichtwinkel unter dem der Gegenstand G zu sehen ist (11,65°) wird durch die Sehhilfe (Fernrohr) auf 43,6° vergrößert. Das Bild B erscheint größer als der Gegenstand.*

Die Definition der Vergrößerung ist dann:

$$V = \frac{\alpha_B}{\alpha_G} \quad .$$

Das Beispiel in Abbildung 106 liefert dann eine Vergrößerung von

$$V = \frac{\alpha_B}{\alpha_G} = \frac{43{,}6\,°}{11{,}65\,°} = 3{,}74 \quad .$$

# Berechnung am Beispiel des Refraktorteleskops

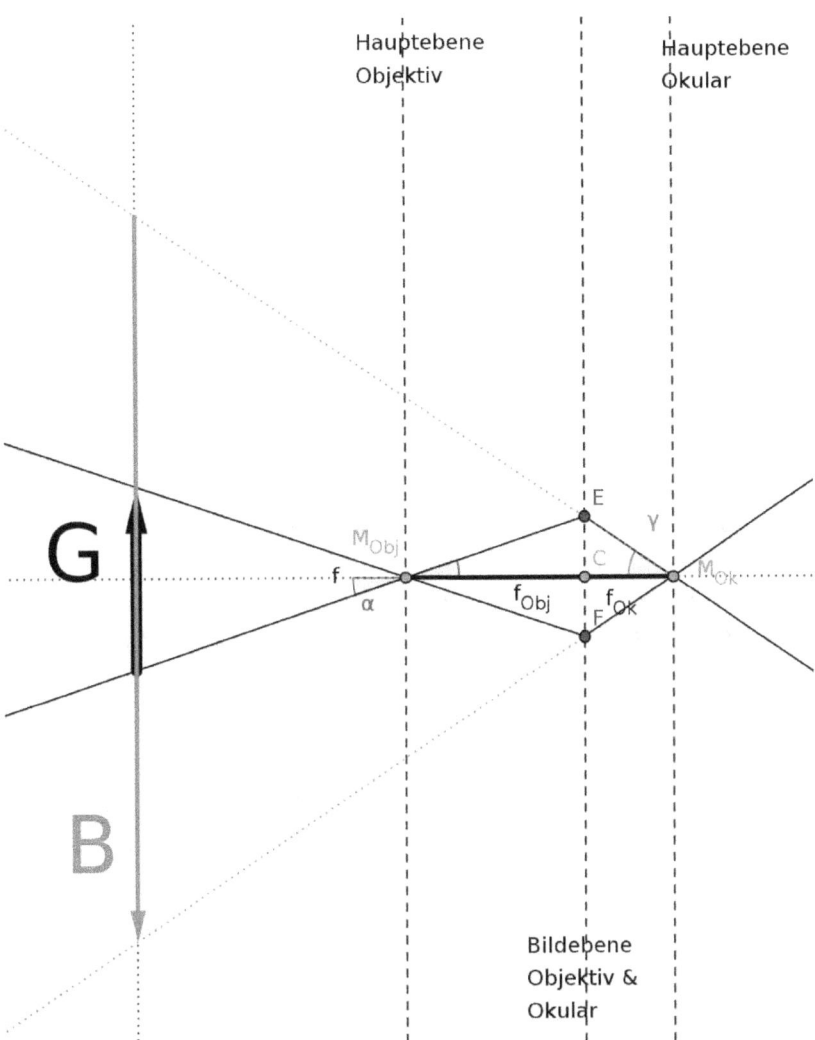

*Abbildung 107: Die Lichtstrahlen des weit entfernten Gegenstandes G (Galaxie, Sternhaufen,...) laufen durch den Mittelpunkt des Objektivs und entwerfen das Bild in der Bildebene des Objektivs, welches auch die Bildebene des Okulars ist. Durch das Okular werden die Lichtstrahlen so gebrochen, als kämen sie von den Bildpunkten der Bildebene.*

In Abbildung 107 sieht man, wie das Bild B des Gegenstandes G mit Hilfe von Objektiv und Okular entsteht. Siehe auch Abbildung 102. Aus dieser Abbildung kann man den Tangens des Objektivwinkels und den Tangens des Okularwinkels entnehmen. Beide sind bei unendlich weiten Objekten (wie Sterne und Galaxien es nun mal sind) in etwa gleich den zugehörigen Winkeln:

$$V = \frac{\gamma}{\alpha} \approx \frac{\tan(\gamma)}{\tan(\alpha)} = \frac{\dfrac{\overline{EC}}{f_{Okular}}}{\dfrac{\overline{EC}}{f_{Objektiv}}} = \frac{f_{Objektiv}}{f_{Okular}} \quad .$$

Die visuelle Vergrößerung des Fernrohres mit Objektiv und Okular ist also gleich dem Verhältnis von Objektivbrennweite zu Okularbrennweite. Je größer die Objektivbrennweite bei gleicher Okularbrennweite, desto größer die Vergrößerung. Umgekehrt gilt: Je kleiner die Okularbrennweite bei gleicher Objektivbrennweite, desto größer die Vergrößerung. Maximale Vergrößerung erhält man also mit möglichst großer Objektivbrennweite und möglichst kleiner Okularbrennweite. Die Wellentheorie des Lichtes setzt beiden Größen allerdings Grenzen, und so ist die maximale sinnvolle Vergrößerung im wesentlichen vom Objektivdurchmesser vorgegeben. In der Praxis gilt die Faustregel:

$$V_{max} = 2 * Objektivdurchmesser \quad ,$$

wobei der Durchmesser in Millimeter gemessen wird [12] .

# Fotografische Vergrößerung

Auch bei der Fotografie gilt die Definition $V=\alpha/\beta$. Und hier ist zunächst einmal die Frage zu klären, was der Sichtwinkel ohne Sehhilfe ist, wenn gar kein Auge am Bildenstehungsprozess beteiligt ist?

Diese Frage ist so alt wie die Fotografie selbst. Und spätestens mit der Erfindung des Wechselobjektivs ist die Frage beantwortet: Objektive mit einer Brennweite in der Größe der Diagonale des vom Objektiv entworfenen Bildes [13] gelten als „Normalobjektiv", d.h. als Objektiv mit dem Sehwinkel des menschlichen Auges. Für das bekannte Kleinbildformat 24mmx36mm hat sich eine Brennweite von f=50mm als „Normalbrennweite" eingebürgert, obwohl die Brennweite ein wenig größer ist, als es die Definition verlangt.

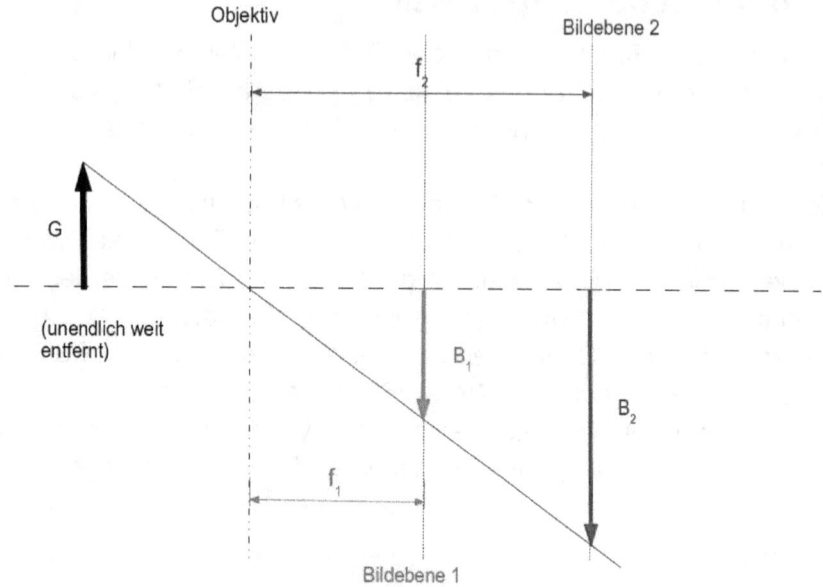

*Abbildung 108: Das Bild des "unendlich" weit entfernten Gegenstandes G wird in der Bildebene des Objektivs entworfen. Ein Objektiv kleinerer Brennweite f1 entwirft dabei ein kleineres Bild als das Objektiv größerer Brennweite f2.*

Nimmt man nun bei einem Kleinbildformat ein Objektiv mit einer Brennweite $f_1 = 50\text{mm}$ , und vergleicht die Größe des Bildes mit dem eines Objektivs $f_2 = 100\text{mm}$ , dann ergibt sich aus Abbildung 108 eine Vergrößerung von

$$V = \frac{B_2}{B_1} = \frac{f_2}{f_1} = \frac{100\text{mm}}{50\text{mm}} = 2 \quad .$$

# Vergrößerung bei afokaler Okularprojektion

Bei der afokalen Okularprojektion wird das Bild, welches normalerweise im menschlichen Auge entsteht, von dem Fotoobjektiv einer Kamera auf dem Bildsensor erzeugt. Der Strahlengang ist hierbei etwas komplizierter (Abbildung 109).

Bei diesem komplizierten Strahlengang besteht die Möglichkeit die Vergrößerung an drei Stellen zu verändern:

- **Objektivbrennweite**: Je größer die Ojbektivbrennweite, desto größer das Bild in der Bildebene des Objektivs.
- **Okularbrennweite**: Je kleiner die Okularbrennweite, desto größer der Bildwinkel unter dem das Objekt gesehen wird.
- **Brennweite des Kameraobjektis**: Je größer die Kamerabrennweite, desto größer das Bild auf dem Bildsensor.

Da es sich um eine fotografische Abbildung handelt, gilt die Gleichung für die fotografische Vergrößerung. Allerdings ist für die Brennweite weder die Objektivbrennweite, noch die Okularbrennweite noch die Kamerabrennweite einzusetzen. Alle 3 Brennweiten werden zu einer effektiven Brennweite $f_{eff}$ zusammengefasst. Diese ergibt sich wie in Abbildung 108 und Abbildung 109 zu

$$\tan(\alpha)=\frac{B}{f_{eff}} \Leftrightarrow B=f_{eff}*\tan(\alpha)$$

$$\tan(\gamma)=\frac{B}{f_{Kamera}} \Leftrightarrow B=f_{Kamera}*\tan(\gamma)$$

$$f_{eff}*\tan(\alpha)=f_{Kamera}*\tan(\gamma) \Leftrightarrow f_{eff}=f_{Kamera}*\frac{\tan(\gamma)}{\tan(\alpha)}=f_{Kamera}*V$$

$$f_{eff}=\frac{f_{Kamera}*f_{Objektiv}}{f_{Okular}}$$

Damit lassen sich sehr einfach sehr große Brennweiten erreichen, die aber wegen der theoretischen Begrenzung der Vergrößerung (siehe $V_{max}$) durch den Durchmesser des Objektivs schnell unsinnig werden.

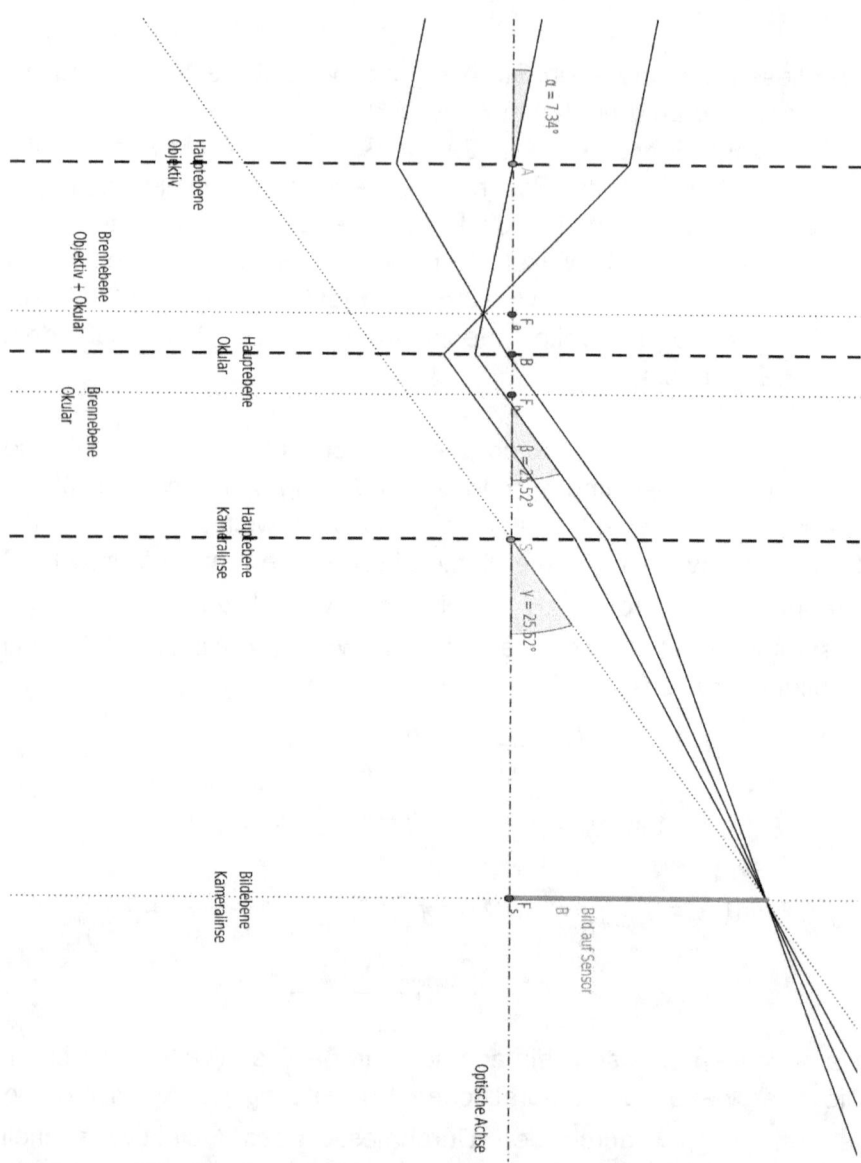

*Abbildung 109: (Im Gegenuhrzeigersinn gedrehtes Bild) Von links kommt das parallele Lichtbündel vom astronomischen Objekt. Am Teleskopobjektiv wird das Licht gebrochen und in der Bildebene des Objektivs vereint. Das Okular macht aus dem divergenten Lichtbündel wieder ein paralleles Lichtbündel, welches anschließend in das Kameraobjektiv eintritt und auf dem Bildsensor ein scharfes Bild ergibt.*

# Fokale Okularprojektion

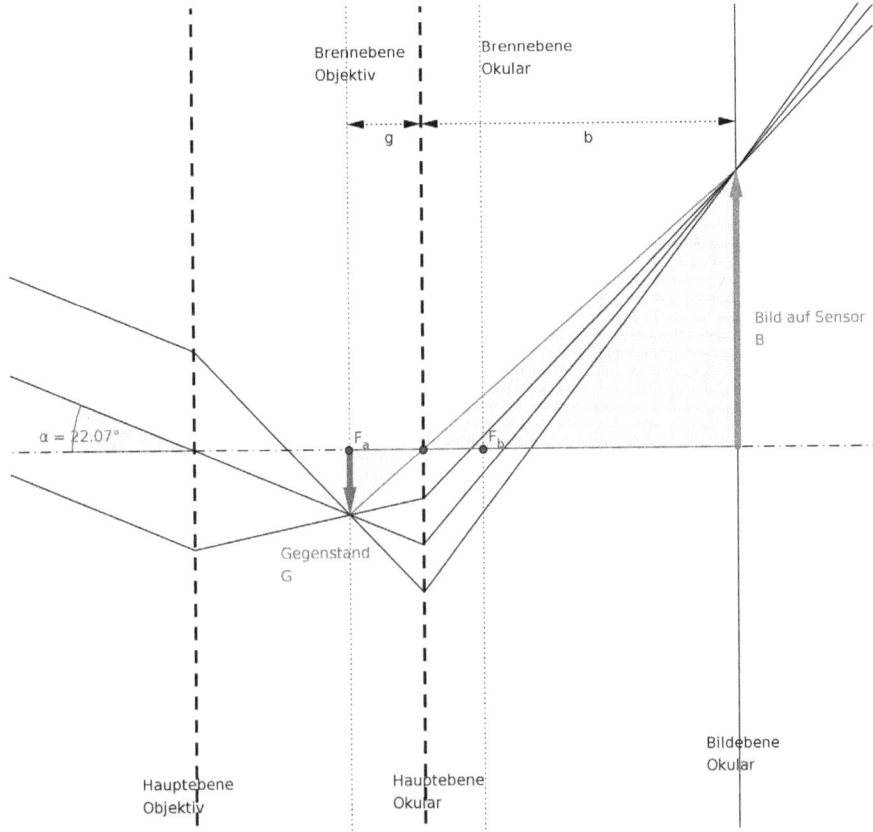

*Abbildung 110: Bei der fokalen Okularprojektion projiziert das Okular das Bild des Objektivs auf den Bildsensor der Kamera, wie die Linse eines Diaprojektors ein Dia auf die Leinwand.*

Wir benutzen dieselbe Gleichung wie bei der afokalen Okularprojektion:

$$f_{eff} = \frac{B}{\tan(\alpha)}$$

Das Okular arbeitet wie das Objektiv eines Diaprojektors, also gilt die Linsengleichung:

$$\frac{1}{b} + \frac{1}{g} = \frac{1}{f_{Okular}}$$

$$\Leftrightarrow 1 + \frac{b}{g} = \frac{b}{f_{Okular}}$$

$$\Leftrightarrow \frac{b}{g} = \frac{b - f_{Okular}}{f_{Okular}}$$

Weiterhin entnimmt man Abbildung 110 wegen des Strahlensatzes:

$$\frac{B}{G} = \frac{b}{g}$$

Für das Bild des Objektivs, welches der Gegenstand der Okularabbildung ist, gilt:

$$f_{Objektiv} = \frac{G}{\tan(\alpha)} \Leftrightarrow \tan(\alpha) = \frac{G}{f_{Objektiv}}$$

Setzt man diesen tan(α) in die Gleichung für die Effektivbrennweite ein, erhält man:

$$f_{eff} = \frac{B}{G} * f_{Objektiv} = \frac{b}{g} * f_{Objektiv} = \frac{b - f_{Okular}}{f_{Okular}} * f_{Objektiv}$$

Das ist die visuelle Vergrößerung multipliziert mit dem um die Okularbrennweite reduzierten Bildabstand. Auch hier gilt: Man kann sehr leicht die maximal sinnvolle Vergrößerung überschreiten.

## Sensorgröße und Vergrößerung

Liegt der Bildsensor im Kleinbildformat (24mmx36mm) vor, dann ist die Sachlage klar. Die Vergrößerung ergibt sich als Quotient der effektiven Brennweite des Teleskops und der Normalbrennweite f=50mm:

$$V = \frac{f_{eff}}{50\text{mm}} \quad .$$

Mit der Digitalfotografie ist das gute alte Kleinbildformat aber aus der Mode gekommen.

1. Es ist sehr teuer, große Bildsensoren zu bauen. Je größer der Bildsensor, desto größer ist die Wahrscheinlichkeit eines defekten Pixels bei der Herstellung, desto größer ist der Ausschuss bei der Produktion. Folglich werden preiswerte Digitalkameras auch heute noch mit sehr kleinen Bildsensoren gebaut.
2. Je kleiner der Bildsensor, desto kürzer ist die Normalbrennweite. Eine kurze Normalbrennweite aber bedeutet ein kleine Länge des Objektivs und damit eine kompakte Kamera.

Die heutigen Digitalkameras besitzen in ihrem Inneren meistens einen der Sensoren aus Tabelle 6.

| Name ("=Zoll) | Abmess-ung [mm] | Dia-gonale [mm] | Brenn-weiten-faktor (relativ zum KB-Format) | Anwendung |
|---|---|---|---|---|
| 1/2,3" | 6,2x4,6 | 7,7 | 5,6 | Kompaktkameras ohne Wechselobjektiv. |
| 2/3" | 8,8x6,6 | 11 | 4,0 | Anspruchsvolle Kompaktkameras ohne Wechselobjektiv |
| Four-Thirds | 17,3x13,0 | 21,3 | 2,0 | Spiegelreflex- und spiegellose System-kameras (Micro Four Thirds Bajonett) mit Wechselobjertiven. |
| Foveon | 20,7x13,8 | 24,9 | 1,7 | Spiegelreflex-kameras mit Wechselobjektiven. Der Bildsensor zeigt einen von den anderen Herstellern abweichenden Sensoraufbau. |
| APS-C (Canon) | 22,2x14,8 | 27,1 | 1,6 | Spiegelreflex-kameras mit Wechselobjektiven. |

| Name ("=Zoll) | Abmess-ung [mm] | Dia-gonale [mm] | Brenn-weiten-faktor (relativ zum KB-Format) | Anwendung |
|---|---|---|---|---|
| Voll-format (KB) | 24x36 | 43,3 | 1,0 | Hochwertige digitale Spiegelreflex-kameras. |

Tabelle 6: Abmessungen von Bildsensoren in heutigen Digitalkameras ([14], [15], Stand 2012).

Die Diagonale in Tabelle 6 zeigt gleichzeitig die Normalbrennweite an. Hierzu ist zu bemerken, dass im Kleinbildformat (Vollformat, KB) eigentlich eine Brennweite von f=43,3mm als Normalbrennweite zu betrachten wäre. Aus Konstruktionsgründen hat sich aber f=50mm eingebürgert. Bei der Berechnung der Brennweitenfaktoren (engl.: Crop factor) in Tabelle 6 ist die tatsächliche Bilddiagonale angenommen worden. Mit diesem Faktor ist die Brennweite der vorliegenden Optik zu multiplizieren, will man die Bildwirkung abschätzen. So bewirkt ein Fernrohr mit f=800mm Brennweite an einer Kamera des FourThirds oder MicroFourThirds Systems ein Bild, dessen Bildwinkel dem einer Brennweite von f=1600mm an einer Kamera mit Vollformatsensor entspricht. Unter Berücksichtigung dieser Faktoren ergibt sich die Vergrößerung entsprechend der Gleichung

$$V = \frac{b * f_{eff}}{50\text{mm}} \ .$$

Hierin ist b der Brennweitenfaktor aus Tabelle 6 und $f_{eff}$ die effektive Brennweite des Teleskops in mm.

# Bildwinkel (Field of view: FOV)

Für den Beobachter an seinem Fernrohr ist eine andere Größe mindestens ebenso interessant wie die Vergrößerung: Der Bildwinkel (engl.: Field of view, FOV).

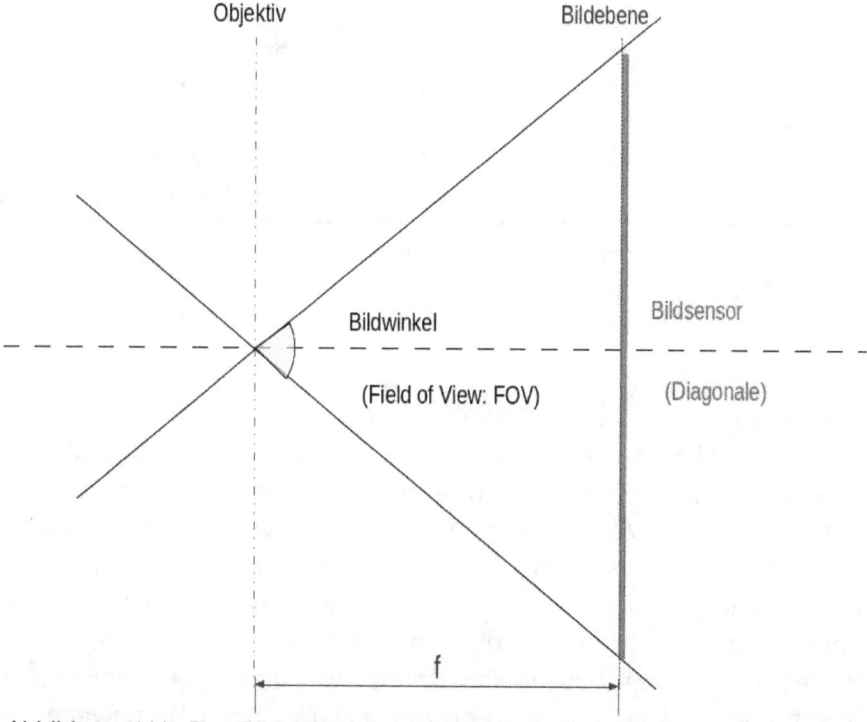

*Abbildung 111: Der Bildwinkel (engl.: Field of view, FOV) ergibt sich aus der Diagonale des Bildsensors.*

Nach Abbildung 111 ergibt sich der Bildwinkel α rechnerisch aus der Gleichung

$$\alpha = 2 * \arctan\left(\frac{\frac{d}{2}}{\frac{f_{eff}}{2}}\right) = 2 * \arctan\left(\frac{d}{f_{eff}}\right) \ .$$

Hierin ist d die Diagonale des Bildsensors aus Tabelle 6 und $f_{eff}$ die effektive Brennweite des verwendeten Teleskops. Man beachte, dass der Brennweitenfaktor nicht berücksichtigt wird. Er wirkt sich ja in der Bilddiagonale entsprechend aus. Dieser Bildwinkel kann in den beiden Astronomieprogrammen Kstars und Stellarium eingestellt werden, um bei der Planung der Aufnahme die dem Objekt entsprechende Brennweite zu wählen. Bei Kstars findet sich die Angabe im unteren linken Bildrand links als STF (SichTFeld) eingedeutscht. Bei Stellarium wird der Bildwinkel als FOV am unteren Bildrand in der Mitte angezeigt.

Um für das Aufsuchen von Objekten am Himmel die richtige Kamera/Objektiv-Kombination zu finden, habe ich in Tabelle 7 die Kombinationen für meine Geräte zusammengestellt.

| Teleskop f [mm] | Bildwinkel/STF/FOV [°] | | |
|---|---|---|---|
| | APS-C | FourThirds/ Micro FourThirds | Vollformat |
| 400 | 7,8 | 6,1 | 12,4 |
| 714 | 4,3 | 3,4 | 6,9 |
| 800 | 3,9 | 3,1 | 6,2 |
| 1250 | 2,5 | 2,0 | 4,0 |

Tabelle 7: Bildwinkel für verschiedene Teleskope und Kameras.

Will man beispielsweise NGC7000 (Nordamerikanebel) fotografieren, dann findet man bei Stellarium eine Ausdehnung von etwa 2°. Ein derart großes Objekt fotografiert man also am besten mit dem Teleskop mit f=400mm bei FourThirds oder APS-C Kameras, während bei Verwendung einer Vollformatkamera f=800mm oder f=714mm angebracht wären.

Bei beiden Programmen läßt sich der Bildwinkel einstellen. Wählt man die Einstellung aus Tabelle 7, dann sieht man auf dem

Bildschirm das, was die Kamera hoffentlich bei der Beobachtung aufzeichnet.

# Hinweise und Links

1. http://de.wikipedia.org/wiki/Messier-Katalog
2. https://fotoalbum.gmx.net/ui/external/P-s-IC9JSSOIZybp04x1qg84801
3. Klaus Gölker: Fotobearbeitung und Bildgestaltung mit GIMP 2.6, dpunkt Verlag, ISBN 978-3-89864-556-0
4. http://www.gimp.org/
5. http://edu.kde.org/kstars/
6. http://www.stellarium.org/
7. http://de.wikipedia.org/w/index.php?title=Datei:Achromat_de.svg&filetimestamp=20060913000441
8. http://de.wikipedia.org/w/index.php?title=Datei:Apochromat.svg&filetimestamp=20100508112554

9. http://de.wikipedia.org/wiki/Newton-Teleskop
10. http://de.wikipedia.org/wiki/Maksutov-Teleskop
11. http://de.wikipedia.org/wiki/Schmidt-Cassegrain-Teleskop
12. http://www.adiscon.com/astro/compute/formeln-teleskop.php
13. http://de.wikipedia.org/wiki/Bildwinkel#Normaler_Blickwinkel_und_Normalbrennweite_eines_Fotoobjektivs
14. http://de.wikipedia.org/wiki/Formatfaktor
15. http://www.henner.info/2mp.htm
16. http://www.kornelix.com/fotoxx_de.html
17. http://www.cloudmakers.eu/windi
18. http://edu.kde.org/kstars/indi/ccds/#HowcanIdownloaddriverformyCCD
19. http://sourceforge.net/projects/indi/
20. http://www.indilib.org/
21. http://gphoto.sourceforge.net/
22. http://www.darktable.org/
23. http://rawtherapee.com/

24. https://docs.google.com/document/d/1LPRQRRSGmjBUSCu_yJrBdcF_gN9yxCJ8TxV_YshayCc/edit
25. http://www.wolfgangs-gartensternwarte.de/teleskope-a-zubehoer/montierung/115-celestron-cam-as-gt.html
26. http://www.celestron-deutschland.de/product.php?CatID=9&ProdID=629
27. http://www.bresser.de/produkte/teleskope/product.html?act=pdis&actid=0440800&cHash=99d97c2b1759b3a024fa2bb6ca147d06
28. http://www.alpsat.at/
29. http://www.celestron-nexstar.de/cgem/cgem_anleitung.pdf
30. http://www.bergfex.com/embergeralm/webcams/c777/
31. http://finca-cabrera.com/
32. http://de.wikipedia.org/wiki/Observatorio_del_Teide
33. http://de.wikipedia.org/wiki/Roque-de-los-Muchachos-Observatorium
34. http://www.saharasky.com/saharasky/german.html
35. https://www.flickr.com/photos/122560988@N08/sets/
36. http://www.auswaertiges-amt.de/DE/Laenderinformationen/SicherheitshinweiseA-Z-Laenderauswahlseite_node.html
37. http://www.obs-hp.fr
38. https://www.oca.eu
39. http://www.astroqueyras.com/
40. https://www.casamundo.de/cm_object/?object=925196&persons=2&split9=control11561
41. https://www.flickr.com/photos/122560988@N08/19101136601
42. Sterne und Weltraum, Verlag Spektrum der Wissenschaft, Ausgabe 7/2015, S. 72-76.
43. http://imagej.nih.gov/ij/
44. https://www.flickr.com/photos/122560988@N08/19214997106
45. https://www.flickr.com/photos/122560988@N08/17946053868/
46. http://simbad.u-strasbg.fr/simbad/

47. https://play.google.com/store/apps/details?id=com.strickling.scheiner&hl=de
48. https://plus.google.com/u/0/communities/102384992102949166364
49. https://de.wikipedia.org/wiki/Aufl%C3%B6sungsverm%C3%B6gen
50. https://plus.google.com/+KarlSarnow/posts/Bmitb6Gu8B9
51. http://aladin.u-strasbg.fr/aladin.gml
52. http://aladin.u-strasbg.fr/java/nph-aladin.pl?frame=downloading
53. https://www.java.com/de/download/
54. https://www.bitblokes.de/2013/10/gimp-2-9-entwickler-version-fuer-gimp-2-10-fuer-ubuntu-linux-mint-im-launchpad/
55. http://www.gimpusers.de/downloads